表現と息をしている

小木戸利光

JIRITSU SHOBO
而立書房

装丁　吉村麻紀
　　　前田征紀

目次

contents

1
青

若松孝二

はじまりは、渋谷のある映画館で、一枚のチラシを目にしたことだった。

──若松孝二に連合赤軍を撮らせたい。

こう謳われたチラシの中央には、どでかく、こちらを強く睨みつける監督の顔写真があり、下のほうにはジム・オルーク、鈴木邦男、宮台真司といった文化人や学者たちの推薦文が並んでいた。

映画制作費のカンパを募るそのチラシは、あきらかに世の中のメインストリームではなくアウトサイドをゆく者の無骨さと勇猛さに満ちていた。

「この人に会いに行くしかない」

そう思ったのを覚えている。不思議なことに、僕のなかにはずっと、「一九六〇年代から一九七〇年代初頭にかけての政治の混乱のなかを生きた学生、とりわけ過激な学生運動に身を投じた若者を演じてみたい」という思いがあった。自分がなぜこうした直観めいたものを得るに至ったのか、今なら分かるような気がする。

二〇〇六年の出来事。英国での演劇留学を終えて意気揚々と東京へやって来た僕は、ものごとが思うように進まず、鬱屈した日々を過ごしていた。

「僕にやらせてください！」

若松孝二監督は、サングラス越しに一瞬、僕に鋭い視線を向けたあとで言った。

「君、連絡先を教えておいてくれるか。まもなく動き出そうと思っているんだ」

その数日後、携帯電話に着信があり、受話器の向こうから監督の声が聞こえた。

「今から若松プロに台本を取りに来れるか？」


一九七二年、長野県北佐久郡軽井沢町の浅間山荘に連合赤軍メンバー五人が籠城《ろうじょう》。ベトナム戦争や日米安全保障条約締結を背景に革命を志した若者たちは、警察と十日間にわたる激しい攻防を繰り返した末に、検挙される。その一部始終はテレビで生中継され、民法、ＮＨＫを合わせた視聴率は89・7％に達したと言われる。いわゆる「浅間山荘事件」だ。

若松孝二は国家権力側でなく、連合赤軍メンバーの目線で、山荘の中から見た浅間山荘事件を撮ることを宣言し、映画「実録・連合赤軍　あさま山荘への道程」はクランクインした。僕はその映画で、山荘に立て籠もった連合赤軍メンバーの一人、加藤倫教《みちのり》氏を実名で演じることとなる。

——おまえらへたくそな芝居しやがって！

——役者なんかやめてしまえ！

——なんにもできないんだから、なんにもするな！

——いらんことするなって言っただろ！

——ばかなテレビばっかりやってるから、こんなことになるんだ！

——ばかか！　もう帰れ！


宮城県大崎市鳴子町鬼首の冬の雪山で、僕たち役者は罵倒《ばとう》されていた。来る日も来る日も罵倒され続けていた。雪山のなかを警察に追われるシーンの撮影では、逼《せま》りくる警察官たちを背に死に物狂いで逃げ回っていた。「カット」という声がかかると、僕たちは一斉に雪山に倒れ込む。すると若松孝二はそんな僕たちを見てすかさず、

「おまえら、なに余裕こいてるんだ！　もう一回戻れ、やり直しだ！」

などと言い放ち、すぐさま
「よーい、スタート！」

とカメラをまわし始める。

「もうだめ、走れない……」と心が折れそうになるけれど、警官たちは容赦なく追ってきて僕たちを本気で捕らえようとする。切迫感、危機感、恐怖感に襲われ、必死で逃げようとするものの、心臓は破れるほどに痛く苦しく、足はもつれて何度も雪に足をとられる。やがて足がついてこなくなり、気力だけで全身をひきずるようにしながらなんとか前へ、前へ。どれだけ無様だったことだろう。「苦しい、苦しすぎる、もう終わりかもしれない……」

——カーットッ!!!

僕たちの心身の限界が見えたようなそんな時、監督は満足げな笑みを浮かべながら「オーライ!」などと言う。浅間山荘に立て籠もり、山荘の窓から機動隊に銃を傾け発砲するシーンの撮影では、銃を構える僕たちをぼろくそに貶《けな》す。

——なんだ? それが国家に銃を向ける時の顔か?

——どうやって撃つんだ? やってみろ!

koji wakamatsu

――なんだそれは！

――ばかか！

――ホントに分かってねえなぁ！

――なにやってるんだ！　もういい!!

こんな具合にずっと続く。何をやっても罵声を浴びせられ、「何もできないんだったら、何もするな」などと叱咤《しった》され、何が良いやら悪いやらまったく分からぬまま、危うい精神状態で一シーン一シーンが進んでいく。敗北感でいっぱいだったけれど、あきらめることなく監督に立ち向かおうとしていたのを覚えている。

「じじい、いまに見てろよ、絶対に見返してやる！」

映画公開時に新聞や雑誌に掲載された劇写真を見ると、混沌のなかにいる自分を見つけることができる。実にさまざまな感情が入り混じった表情をしている。負けん気と自信のなさ、希望と諦念、対極にある思いや感情が拮抗してとことん混ざり合ったグレーな精神状態が作り上げられている。そう、これらすべては、僕たち役者の人間のありのままを引き出そうという若松孝二の作戦＝演出だったのだ。つまり監督は、若き日の連

photography ©若松プロダクション

合赤軍メンバーを演じる僕たちを、撮影現場でとことんまで追い込んで、演技ではないリアルな感情や表情が生じてくるところを狙っていたのだ。監督の厳しい演出のもとで、僕たちはもがき、苦悩し、窮地に立たされ、いつしか当時の連合赤軍メンバーの姿と重なっていたのだろう。体制への憤り、焦燥感、未熟さ、孤独感、行き詰まり、愛情への飢え、焦がれ。すべては若松孝二の目論みだった。監督は、役者としての僕たちにというよりは、一人の人間としての僕たちの存在に働きかけてきて、感情をかき回し、演技をする余裕を与えず、そのリアルな反応をカメラに収めようとしていたのだと思う。

浅間山荘事件は、僕が生まれる九年前に起こった事件だ。しかし僕は自分が生まれるより前の時代を生きていた彼らの命のようなものが、「今」を生きる僕たち若者のそれと、そんなに変わりがないことを信じて疑わなかった。誤解を恐れずに言うならば、時代こそ違えば、自分もあそこに立ち権力に楯突いていたかもしれないと思えた。形こそ違えど、今の時代を生きる僕自身も一人の人間として世を憂い、やり場のない怒りや苛立ちや憂鬱を抱えながら日々を悶々と過ごしていたのだ。二〇〇六年、理想なるものこそ在れど、自分が何の実力もない未熟者であるという現実に酷く苦しまされていた。英国から帰国し、上京してしばらく経つと、「何一つ変えられないどころか、むしろ自分など必要とされていない」という疎外感、無力感に支配されるようになっていた。しかしそんな状態にあってもなお、内側から情熱のようなものが吹き上がってきて、それがぎりぎりのところで憂鬱に勝るものだから、訳も分からず走り続けていた。

いったいなにが自分を突き動かしているのだろう。走り続けざるを得ないのはなぜなのだろう？　自分自身と向き合う日々のなかで、その核の部分に自分の心の病みのようなものがあること、そしてその一つが制御不能の「心寂しさ」という化け物であることを認識し始めていた。

僕は、いわゆる政治の季節（一九六〇年代から一九七〇年代初頭にかけての）を生きた彼ら若者の内面に、「自分のそれと似た何か」を見て、強いシンパシーを感じたのだと思う。目まぐるしい変化とともに大きな落し物をしていくかのような戦後という時代のなかでは、彼らも僕らも、皆が同じように深刻な置いてきぼりを食っているように思えてならなかったのだ。

若松監督には、あらゆるしがらみを一蹴するような反骨精神があった。僕はと言えば、英国留学を終えて帰国し、利害関係が渦巻く現実の業界に落胆し、勝手に傷つき、酷く臆病になり、塞ぎ込んでいた。こうした時期であったからこそ、若松孝二という人との出会いは衝撃的かつ希望に溢れたものだった。監督はキャスティングをはじめ映画を取り巻くすべてのことを、自らで判断して、作っていた。僕のような見ず知らずの若者に映画出演の機会が与えられたことは、その何よりもの証拠と言えるだろう。現場に行けば、アングラ演劇から映画からテレビの世界に至るまで、様々な経歴を持った役者たちが混在していた。

若松組の「実録・連合赤軍」の現場では、有名無名にかかわらずそこに誰もが等しく差別なく立っていた。それが誰であっても、そこに分け隔てがなく、皆が同じ目線で語り合える状況にあった。これこそが若松孝二の真にインディペンデントな在り方だった。若松監督にとってはとにかく撮りたい映画を撮るということが重要であって、それを阻《はば》む要素は拒む。これはいたってシンプルなことであるけれど、商業ベースで収益が最優先とされる傾向にある今の世の中で、その姿勢を貫いていくのは容易ではない。七十歳にもなろうかという大ベテランが、変わらず無頼《ぶらい》のままに、新たな映画制作に果敢に挑んでいく姿には敬服せずにはいられなかった。監督の存在は、迷える僕に「こんな生き方も在りうるのだ」ということを示していた。

今あらためて、彼の求心力を思う。予算等の兼ね合いもあったと思うけれど、よくもまあ、あんなにも無名の俳優を大役に抜擢できたものだ。興行などの観点においては、極めて大胆で勇気のいることであるはずだ。けれども監督には、そのことも自分のスタイルとして一つの「売り」としていく強《したた》かさがあった。映画の規模は大きくなればなるほど、制約も増えていくのだろう。若松孝二のやり方は、あらゆる面で表現や選択の自由が利く、コンパクトな態勢のもとに在った。そうであったからこそ、監督の意思さえあれば、僕のような誰とも知れぬ若者でも加わることのできる余地があったのだ。

若松孝二の映画制作の源泉には、ひとりの人間やひとりの男性としての「本能」が、そしてその起爆剤のようなものに「世の中への憤り」があると感じる。彼はそれらを映画というもののなかで自由かつ大胆不敵に表現し、そこで自らの生き様を示しているかのようだった。それはまるで、自分自身の人生をもって世の中に問題提起をしているかのようだった。彼の映画に理論や文脈はほとんどなく、本能だけで撮影されているように感じた。これほどまでに純粋に我儘《わがまま》に自らの表現に突き進み、それを人生の仕事としてきた人の生き様に触れて、僕は自分自身に「これからの生き方」を真剣に問わずにはいられなくなった——自分が、全身全霊を捧げられるものとはいったいなんだろう？

tokyo blue weeps

これ以上待てないよ
今すぐほしいよ
もう何も見えないよ
間違うよ 戻れないよ

追いかけてきた夢に
今、手を翳そうと
いざ前に進めば
もうすでにここに君はいないと気づく
君消えた場所
それ届かぬ場所

苦しいよ
悲しいよ
寂しいよ

1
青

虚しいよ
押し寄せては、吹き返すよ
まわる、もがく、ささる、いつまで続く

追いかけてきた夢に
声あげて、伝えようとして
いざ心ひらけば
君の前、歌う言葉ないと気づく
手に入れたもの
それ孤独な場所

（1stデモEP「東京」より）

胸のなかの気持ちを吐き出さずにはいられなかった。それが、tokyo blue weeps をはじめた理由だ。音楽や楽器に四六時中触れていたかったからではない。切実な心のことを、どうしても歌わずにはいられなかったというのが正しいと思う。

表現者の処女作、音楽で言うところのファーストアルバムには、作者自身の内面が最もくっきりとした形で現れていることが多いように思うけれど、それは僕自身にも言えている。こうして俯瞰していると、なんだか堪らなく恥ずかしいような気持ちになるけれど、tokyo blue weepsで初めて書いた「東京」という曲のなかには、きっと僕の心の原点がある。

僕は、表現と息をしていると思う。胸のなかの行き場のない感情は、それらが表現されていくことによってはじめて、その居場所を見つける。

生きていることが、ただここに存在していることが、つらくてどうしようもない時、僕は音楽に救われた。胸のなかの気持ちを音楽にして表現していると、そこに驚くほどの救済があった。清らかな気持ちでも、誰にも打ち明けられないような理性や倫理に反する気持ちでも、音楽はすべてを包容してくれた。

表現する——そこは、救いの場所であり、ひどく苦しくて寂しい一人ぼっちの場所でもある。自分自身をあるがままに受けとめてくれる場所であり、いびつでどうしようも

photography by Nobunori Torii

ない自分ととことんまで向き合わなければならない場所でもある。

「表現する」ことを通して、他者に自らをあらわにしてゆく。人には見せられないような、どうしようもなく恥ずかしい自分のことも、むしろ開いて見せてゆく。恐れながらも、そうしてゆく。勇気を出して、思い切って、振りきれるように、心の手を伸ばしてゆく。

行き場のなかった気持ちを吐き出すようにしてはじめた表現。そこから十年先の未来の自分の姿を、この時の僕は知る由もない。

incarnations

ファーストアルバム「incarnations」が発売になる直前に、突然iTunesから連絡がある。僕たちのアルバムの収録曲を「今週のシングル」というコーナーで取り上げたいとの申し出。思いも寄らない喜ばしい出来事だった。

新聞、雑誌、テレビ、インターネットなどの媒体でのプロモーションは、多くの場合、広告料を出して、その宣伝スペースが得られる。ゆえに大規模な宣伝は、資本のあるレコード会社などでないとなかなか叶わない。そんな現実のなかで、業界の後押しもなく、協賛金の仕組みすら知らなかったインディペンデントバンドが無条件で選出されたことは驚きだった。ほぼすべてがお金で動いていると思われた世界で、それだけではない別の視点と価値観を持って、名もなき僕たちの音楽と向き合ってくれた人がいたのだ。iTunesのトップ画面「今週のシングル」では、「reunion」という楽曲が取り上げられて、一週間限定で楽曲のフリーダウンロードが促された。僕たちの音楽は、この時に初めて、不特定多数の音楽ファンの耳目に触れることになった。

二〇一一年三月十一日、日本が激しく揺れて、一瞬にして数千、一万にも及ぶ人の命・魂が旅立っていった。iTunesで僕らのバンドの特集が始まってから数日後の出来事だった。テレビには巨大な津波が町を飲み込んでいく様子が映し出され、その被害と、人々の負う精神的ダメージが、計り知れないものとなるのは歴然としていた。無力感に駆られ、希望を掴むまでの途方もない道筋を思うと、茫然とするより他なかった。音楽どころの話ではなかった。

tokyo blue weeps の音楽は、くしくも、この震災のまっただ中に集中して聴かれることになった。iTunesでは、この一週間に四万七千ものダウンロードがあったそうで、その数字の大きさに驚くばかりだった。たかが音楽だけれど、そのたかが音楽で、人と繋がることができることがあるのだと初めて知った。その事実が、非常事態における僕たち自身の救いだった。

二〇一一年四月十五日、二年の制作期間を経て、ファーストアルバム「incarnations」が完成しました。

幼き頃に見た、古き良き日の光景。僕はどうしても、それらにもう一度会いたかった。世の中がどのように先へ流れても、僕の中には、どうしても戻らなければならない、帰らなければならない、譲れない何かがありました。急ぎ足で消えそうな命のこと。何処で何をしてみても、それには敵わないのです。このアルバムがその心を表してくれました。故郷へ、祖先達へ、捧げます。

（「incarnations」リリースより）

incarnations（CD）
2011年作

ルーツ音楽

本社での神楽は十年ぶりだ。ついに機会を得た。神楽講にも連絡済みだ。今度は東京でも、ロンドンでもない。日本の田舎の、その土地に染みついた土着の音楽だ。村人が舞い奏でる村神楽に会いに帰るのだ。九州を飛び出してから十年。回り回って現在、故郷から学ぼうとしているところ。外へではなく、内への旅の記録。

二〇〇九年十二月四日

——八年に一度の引き受けがまわっちきちょうけのう。手伝っちくり。

今年は祖母の家がある西側地区に、それが回ってきていたようだ。二つ返事で前日より境内、神楽堂、楽屋の掃除、薪割り、しめ縄、箱提灯等の飾りつけを行う。結構な作業だ。来ているのはお年寄りばかり。心配になり、若い自分がと勢い込むが、慣れない仕事でなかなか思うようにはいかない。経験と技量が足りず気持ちばかりが先行している。生まれて初めて本社の楽屋に足を踏み入れる。神楽太鼓がある！　いきなりの遭遇に、興奮はピークに。僕の記憶のなかで鳴っているのは、きっと、この太鼓だ。おそるおそる触れてみる。なんだか気楽に触れていてはならないような気がしてきて、やめる。

——次（八年後）はきっともう、わしゃおらんけのう。段取り、ようおぼえちょっちくり。

西側地区世話人のじいちゃんが言う。はっとする。そうだ。自分はいろいろと教えを請いに帰って来たけれど、いつまでも村のじいちゃんたちが生きていて、なんでも教えてくれるわけではないのだ。命には限りがある。故郷へ帰ってくるといつまでも子どもの気分でいてしまうけれど、実際はもう大人。時代は進み、リレーのバトンはもうとっくに回ってきているのだ。これを繋いでいきたいのだ。見よう見まねで祭りの準備をする。このじいちゃんと僕の亡くなった祖父の間には、意見の対立があり、よくけんかをしていたらしい。僕は今、その人から色々と指示を受けて動いている。じいちゃんの友達との共同作業。なかなかおもしろいことになっている。

——この髪の長いにいちゃんは誰じゃろう？

村人たちからそのように見られている気がする。

——さつき（祖母）の孫です。

——そうかい、そうかい、それはそれはよく帰ってきちくれたのう。

——あんたんところの先祖には立派な相撲《すもう》取りがおったんよ。

その話は祖父からも聞いたことがあったが、いまいちピンとこない。僕はやせている。

神楽当日

寒い。田舎特有の寒さだ。やはりこうでなきゃ。震えながら洗面、洗髪を、禊《みそぎ》のつもりで済ませる。早朝、本社入り。神楽講が来ている。あのおっちゃんがいる。十年前と変わらず、あのおっちゃんがいる。あの人も、この人も、知っている。はっきりと覚えている。懐かしい。あぁ、懐かしい。何とも言いようのない胸の高まり。帰郷が叶った喜び、安堵、興奮。そしてこれから深夜まで一日中、目の前にある神楽殿を演者が舞うのだ。

——ドドン、ドドン

お囃子《はやし》がはじまる。早朝一発目の演目。僕の記憶のなかにずっといた、あのおっちゃんが出てきてなんの合図もなくはじめた。奉納神楽スタートの瞬間を見逃すまいと緊張して待ち構えていたので、肩すかしをくらう。ゆるい。田舎っぽくていいなぁ。力が入っていない。早朝なので、観客はまだ引き受けの僕たちだけだ。

——ドン、ドドン、ドドン

太鼓、笛、鉦《かね》のお囃子。あぁ、これだ、これなのだ、懐かしい……変わらない。十年の時を経ても何も変わらない。幼少の頃の思い出が走馬灯のように浮かぶ。じいちゃん、ばあちゃんのうちのにおい。じいちゃん、ばあちゃんのにおい。甘めの手料理。一緒に遊んでもらった日々。自転車、近所の小学校、そのそばを流れる川、酒屋、魚屋、駄菓子屋、郵便局、回転まんじゅう。じいちゃんの菊。海でとってきてくれた蟹《かに》、野菜、じいちゃんの酒ぐせ。ばあちゃんとのダイヤモンドゲーム、花札。黒電話、お墓、本家、畑、田んぼ、駅、親戚たち。もう戻らない愛おしい日々。僕はこの十年、homeを探しに外の世界に出ていたのだ。homeは、外にではなく、内にあるものなのに。自分自身のことをよく知らなかったと思う。

式神楽、三神、剣神楽、盆神楽、えびす神楽、ヤマタノオロチ等々、次々と神楽が奉納されてゆく。さきほどお昼休憩があった。おにぎり、野菜の煮つけ、お汁。早朝から引き受けのおばちゃんたちが近所の公民館で作ってくれていたのだ。神楽講、引き受け全員分の大量のご飯。それらは軽トラで運ばれてきたようだが、そこに乗りきらなかったお鍋はなんと、おばちゃんたちが農業用の押し車に乗せて徒歩で持ってきてくれた。頭に手ぬぐいをまいて。本来は採りたての土のついた野菜たちが乗せられるその押し車に、たくさんのおにぎりが乗っていて、笑いとともに涙がこみあげてきそうだった。

――こんなふうにみんなで食べるのが一番美味しいのう。

親戚の本家のおいちゃん。今日はもちろん夕休憩もある。祭りが、皆の力で形づくられているのを実感。

僕はここへ、往時と出会いに来た。神楽囃子という音楽の向こうに、演者の舞いの奥に、往時の人びとの心を見たかった。祭りをつくりあげている村人たち、この日の村全体から、失われてしまった往時の人びとの暮らし、営み、祈り、願いを読みとりたかった。そこに、僕たちが今また必要なものがあると信じるからだ。故郷にはかろうじてまだ残っているに違いない、そう信じて僕は帰ってきた。

――あんた小木戸さん？

神楽講の長に声をかけられる。

——まぁちょっとあがんなはい。

と楽屋に招かれる。子どもの頃、遠くから見ていた場所。近寄りたくても近寄れなかった場所。あこがれのようでもあり、なんだかちょっとこわかった楽屋とそこにいる神楽講。演者が着替え、炭火と酒で暖をとりながら待機している場所。誰もが入れる場所ではない。昔、祖父が酒に酔い、誰かと喧嘩した場所。そこについに足を踏み入れるときが来た。

——まぁ飲みない、飲みない。

お囃子を譜面にすることはできないだろうか、と相談される。今後、伝承のために幼稚園や学校で教えていくためには楽譜があったほうが良い、とお考えになっているようだ。豊前神楽は十五〜十六世紀にかけて成立したと推察されている。その後に、おのおのの村独自の形が生まれたと考えられる。この村では現在に至るまで、お囃子《はやし》や舞いなどはすべて口頭伝承だという。なんという希望だろう。音楽や舞いといった形として残らないものが、命によって伝承されてきたということだ。だとすると、演者を通じて表

出している その動き《リズム》は、先人たちの心そのものだということになる。やはり音楽や舞いなどのお神楽を形づくっているすべての要素は、僕たちの祖先と直接繋がっており、これらを通して往時と対話ができるのだ。往時から学ぶことができるのだ。なんという希望だろう。

夕刻。境内に、子どもたちの手で描かれた四百もの提灯が並び始めている。一日中、焚火を絶やさないようにお世話してくれる人。ご飯を作ってくれる人。各神楽が奉納されるたびに、演目表に赤丸印をつける人。湯立《ゆだて》の準備をする人。外からも随分人が集まってきている。あちらこちらに人の流れ。本社が賑やかだ。村が呼吸し躍動している。ばあちゃんに見せてあげたい。どうしても見せてあげたい。ばあちゃんを走って迎えにゆく。

――ばあちゃん、お神楽見に行こう！

ばあちゃんの手を握ってゆっくりと歩く。早く見せてあげたいと急く気持ちをなんとか抑えながら、ゆっくりと歩く。ばあちゃんの歩みがおそい。思っていたよりもずっとおそい。もしかして無理をさせてしまっているのかもしれない。まずかったかな……目と鼻の先の神社が遠い。ばあちゃんこんなに小さかったかな……腰がくの字に曲がっている。

——ばあちゃん、いけるっちゃ、がんばって！

昔は僕が熱を出すとすぐに、北九州市小倉の僕の家に看病に来てくれた。在来線で一時間ほどの距離。朝一番に母が電話をすると、九時頃には「としくん、来たよ！」だった。寂しかった僕をどれだけ救ってくれたことだろう。ばあちゃんはこんなにも小さくなった。僕はこんなにも大きくなった。ばあちゃん、ありがとう……今日はどうしてもお神楽に連れて行きたいよ。今だからこそ、見せたいの。ばあちゃん、ゆっくり、ゆっくり、行こう。あとすこし。あとすこし。ほら、太鼓の鳴る音が聞こえてきたよ。

祖母が目に涙を浮かべながら、お神楽を見ている。遠い目をしている。その目の前の出来事と風景の奥にある過去に思いを馳せている。亡き祖父との夫婦生活。これまでのこの村での思い出。その祖母の目から、祖母の半世紀ばかりの人生を感ずる。一緒に来ることができて、本当によかった。

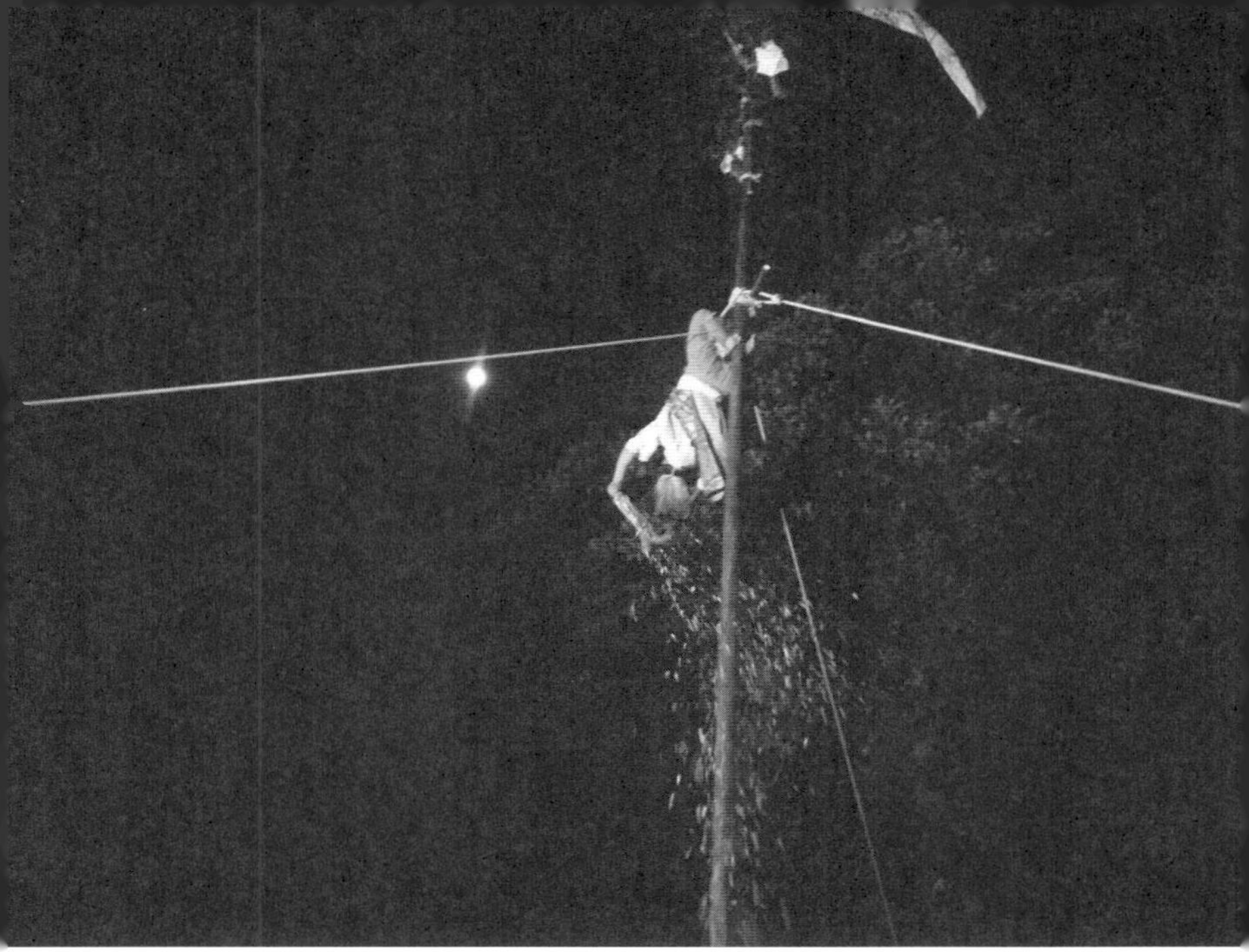

深夜零時。神楽堂から境内に舞台を移し、クライマックスの湯立があがっている。底冷えがする。境内の中央に長さ八メートルほどの柱松《はしらまつ》が立てられ、その先端に御幣《ごへい》が付けられている。鬼はやがて素足で柱松によじ登り、てっぺんの幣を切り、身体を逆さ向きにして降りてくる。これは神の降臨を意味するとされる。命がけの演目。果たしてそれは、現代に降りてくるか。先人たちが信じ崇め敬ったもの。僕たちに今それらを理解し尊ぶ心はあるだろうか。

午前二時。さきほどすべての奉納神楽が終わった。十八時間にも及ぶ一日が幕を閉じた。引き受けの皆で後片付けをしている。肉体的に負担の大きい作業だ。昨日の準備からの疲れも相当にでてきている。村はお年寄りばかりだ。大丈夫だろうか。いや、皆元気で働いている。村の力、皆の力、おそるべし。
辺りを何百もの精霊が跳びはねているような、そんな夜更けである。

暦
今日、あなたは逝く
暦
今日、蓮模様

透明なままのあなたに宿る
永遠の心　継ぐところ

遠いほど、手伸ばした
遠いほど、手伸ばした
遠いほど、手伸ばした
遠いほど、遠いほど、遠いほど

成人合掌炎　最愛一層無償　仏道帰依一生　観音礼拝読経

災害呆然仏法　時代警告不思慮　決壊判断再考慮　静寂本能正常
八面一帯継承　今期最後感無量　心身一体奉納　絶対安穏再会旅
千載一遇炎　供花戒名信仰　前人未到抱擁　先代再来盆模様

（セカンドアルバム「what happened in yesterday」より「dear grandma」）

what happened in yesterday（CD）
2012 年作

媒介

人の心と身体を媒介として生まれてくる芸術というものがあるように思う。表に現れてくるのは、表現者自身の自我を超えた幽玄なるもの。その時、表現者あるいはそれを体現する演者は、その芸術が起こってくるための架け橋として機能しているかのようだ。音楽のなかにも、文芸作品のなかにも、写真表現のなかにも、表現者たちを通して、時折こうした現象を目にすることがあるように思う。

この心と身体を通して、どこかの誰かの気持ちが現れてくれればいいのに。世界の片隅の声なき声が、声になればいいのに——

いつものように、祈るように、ヨガを終える。眉と眉の間の感覚が開いてその働きが盛んになる。そこからどこか遠くへと繋がる感覚、向こう側から何かを受信するかのような感覚が冴えてくる。いまどうあるべきか、その手掛かりのようなものに、直感として、着想として、出会えることもある。呼吸はゆっくりと深まり、心は鎮まり、自律神経が調整される。気持ちの落ち込みから解放され、思考は上向きになる。

創作にあたったり、原稿を書いたり、人と会ったりする前には、ヨガをしてよりよい状態でいられるよう心がけている。表現を通して他者に何かを差し出そうとするとき、その表現を実際に形象化して伝えてくれるのは、この心と身体だ。であるからこそ、この心身がより透明で「通りのよいもの」であってほしいと願っている。

被写体

写真家と呼ばれるアーティストたちと縁が深い。彼らは、いつも突然に現れて、その時の僕と、その時間・空間・空気を、フィルムに記憶させてゆく。被写体であることにわずかに緊張しながらも、僕はただただありのままの自分でいたいと願う。

普段僕たちは、自分の目線で世界を見、自分の感性で世界を捉えている。写真とは、僕にとって、他者=写真家の視点で物事を見つめることのできる貴重な表現媒体だ。写真を鑑賞することとは、意識的に他者の世界へ入っていく行為のようだ。

この人の目には、世界がこのように映っているのか——

人物の雰囲気、土地や場所が積み重ねてきた空気、被写体と写真家の関係と距離感。写真には、その瞬間を形成しているあらゆる要素が凝縮されている。その写真世界の光と闇に同時に触れて、なんだかおそろしくなることもしばしばだ。あっと言う間に人の心がありありと映っている深いところへ連れていかれる。

ここでいう写真とは、いわゆる「写真作品」と呼ばれるものに当たると思う。写真作品と対峙する時間においては、写真家の濃密な秘密の世界を覗くことが許される。それはまるで、その人物特有の愛のかたちに触れるかのようだ。僕が被写体として彼・彼女たちの前に立つとき、彼らはそこに、その現象の先に、何を見ているのだろう。

高校を卒業して、九州を離れて大学生になって、モデルの仕事を始めた。事務所に所属して、マネージャーに支えられながら、雑誌からショー、カタログ、コマーシャルに至るまで幅広く仕事をした。憧れだったコレクションのランウェイを歩いて得意げになったことも、現場から事務所に電話をかけて「僕は人形じゃありません。もうこれ以上はできないです」と涙ながらに訴えたこともあった。プロフェッショナルではなかった。僕はいつだって、すべてを「仕事」としてではなく、「自己表現」としてやってきたと思う。しっくりとこなければその世界から遠ざかり、どんどんと心の望むほうへ望むほうへ行こうとしてきた。それは意識的でもあり、無意識の行為でもあった。なぜそんな自分がいるのか、その頃はまだよく分からなかった。

僕は僕のままでいたい。もっと僕という人間そのものを、ありのままの心を見てほしい――

もっと自分自身の内面を表現していたい。そして、表現というものを通して、他者と触れ合い、繋がっていきたい――

このように、切望していたことを覚えている。願いはきわめて切実だった。その後、僕は表現者としての勉強をするために、英国に留学することになる。

あれから約十年という歳月を経て、僕は今ふたたび被写体として仕事をする機会に恵まれている。一巡して辿り着いた今度の新しい場所では、幸運にも、僕が僕のままでいることだけが求められているように思う。僕はこの十年で、自分自身を思うように望むように生きることによって、つまりは自分自身の内面を表現していくことによって、ととことん「ありのままの自分」で在ろうとしたのだと思う。そして、演ずることのない「本人そのもの」という表現者になろうと挑んでいるのだと思う。

ホンマタカシ

東京・南青山のCenter for COSMIC WONDERは、神秘と静謐さに満ちていた。こんなにも人の心や魂がその場の空気をつくりあげるものなのかと思うと、心の底から勇気が湧いて、力が漲《みなぎ》ってくるようだ。

大いなるものの働き――ホンマタカシさんは、そんなことを、よく知っている写真作家さんだと思う。たとえば舞台の本番の日、僕は最良と思われる時間に起きて、一杯の白湯を啜《すす》り、存分にヨガをし、入浴して心身をあたためて、最良と思われる時間に最良と思われる食事をとる。つまりは本番のその時に向けて、ありとあらゆるウォーミングアップをして高めてゆく。スポーツでも、撮影でも、各々が各々の方法でその「本番」へ向けて、助走とも言える準備をしてゆく。ホンマタカシさんのそれに、僕は目を奪われた。

「シャッターの時」へ向けて、入念に準備がされていく。アシスタントさんたちとともに技術的なことがとても丁寧に確認されていく。同時に、祈るような、精神的な助走がされていく。それらは、ホンマタカシさんによるものか、はたまたCOSMIC WONDERの皆さまの祈りか。その両方だと思う。いくつもの層を成していくように、

COSMIC WONDER Light Source 2013 S/S "Diamond Equinox" photography by Takashi Homma

目に見えぬ力が高まっていく。やがて、本番さながらに一枚のポラが切られる。儀式のような神聖な助走を経て、「シャッターの時」へと徐々に近づいてゆく。

一瞬の出来事。場が最高に高まったと思われるその時、ホンマタカシさんは対象物から視線を逸らす。その瞬間、シャッターは切られた。気がつけば終わっていた。こうして僕たちのある時が、瞬間的に、写真に封じ込まれた。

カメラが見据えているその対象物から視線を外して「シャッターの時」を迎える行為は、あたかも創作の最終過程で作品を自分自身のもとから解き放ち、大いなるものに委ねているかのようだ。

対談 ミヤギフトシ

Futoshi Miyagi, artist

見えない存在に近づく

小木戸　僕は「感光」「Dinner for Two」というミヤギさんの写真作品で、被写体になったことがあります。また、「花の名前」という映像作品（丸亀市猪熊弦一郎現代美術館／２０１５年、森美術館／２０１６年）では、語り手として声（ナレーション）を入れました。

ミヤギ　「感光」「Dinner for Two」は、二〇一一年の震災直後くらいでしたね。暗い写真と明るい写真……。僕の初期の作品「ストレンジャーズ」に近いものでした。

東京で、いろいろな人と交流というか、居心地の悪いセッティングをして、二人で向き合って撮影をする時間が作れないか……と思いはじめた作品です。暗闇の中で一分間露光して、その間、暗闇の中で被写体と無言で向き合う、被写体は動きが取れない、という気まずい状況を作ってみたのです。

大学時代にモダンアートやコンセプチュアルアートを勉強する中で、普通に写真を見せるだけでなく、自分の生き方に関わるものをつくりたいと考えてきました。

小木戸　最初に撮影に臨んだ時には、フトシくんの作品の意図など、はっきりと摑めていないことが多くあったのですが、その後「American Boyfriend」（http://americanboyfriend.com/）を拝見した時に、フトシくんがやろうとしていることについて、深く理解できるようになりました。「American Boyfriend」のステイトメントを引かせてください。

「僕は『American Boyfriend』を通して沖縄人男性とアメリカ人男性が恋に落ちることの関係可能性を探り続けて来たけれど、沖縄はその関係を隠蔽してしまう暴力的かつホモソーシャルな抑圧をときに発動する。だからこそ、そこで隠蔽されるひそやかな関係性について語ることは、沖縄の社会や性をとりまく政治（ひいては、沖縄に関与する日本やアメリカの政治）に抗うささやかな希望になり得ると僕は信じている。そのためにも、歴史を辿り、埋もれた小さな声たちに耳を澄まさなければならない。」

これを読んだ時、「歴史を辿り、埋もれた小さな声たちに耳を澄まさなければならない」というところに、僕自身の表現とリンクするところを感じました。長い歴史の中には、誰かが語らないと人に知られない小さなストーリーが無数に存在していると思います。そこに作品づくりという形でもう一度生命《いのち》を吹き込んで生きた物語にする、小説にする、あるいはそれが歌になるという可能性を、僕は考えてきました。
ですからその点で、ミヤギさんが「American Boyfriend」で表現されていることに共感しています。物語がフィクションであるか現実であるかということは、さほど問題ではないように思います。ミヤギさんは、次のようなことを書かれています。

「語り継がれた記憶、忘れられた記憶、語られずに消えていく記憶、作られた記憶、僕の記憶。様々な時代の様々な場所で記され、時にねつ造された断片たちが、連なり、こぼれおち、沖縄におけるある物語の輪郭を作り上げては変容してゆく。一連の作業は、まるで僕の中に存在するはずのない記憶の源流を探るような、とても親密なものだった。すべては「たとえば」で繫がり、物語を形作る。その物語が、小さな声で異議を立て続けている。」

もはや作られた記憶なのか語られずに消えた記憶そのものなのかは分からないところで、芸術作品が現実よりもリアルに立ち上がってくるということに心を打たれています。
なぜ自分が表現をするのか、ふと考えるとき、それが自分の意志を超えた大きなものであるように感じることもあるし、自分の意志がすべてを決めていると思うこともあります。ミ

futoshi miyagi

ヤギさんのいう「異議を立て続けている」というところは、ある二つの可能性を秘めているように思います。一つ目は、作家やある人の強い意志とともに語られようとしているということ。二つ目は、歴史という大いなる流れの中で、作家を通して、その「声」や「物語」が自ずと表に現れてこようとしているということです。前者と後者は同じことのようで、すこしニュアンスが違うと思います。前者は、ミヤギさんの意志や作家としての技術や感性と結びついています。一方、後者は作家が媒介となるような領域と結びついています。たとえばミヤギさんのような作家さんと出会うと、この世界がミヤギさんに美術作家という役割を与えているかのように感じることもあります。

ミヤギ　ありがとうございます。たとえフィクションであったとしても、作ることで、声にすることをやめてしまった人たちに届いたら、ということはいつも考えています。

物語が表面化しないのは、本人たちの語りたくないという選択もあってのことと思うので、根掘り葉掘り聞くというよりは、周辺から物語を作ることでそうした方々に近づき、接触せずとも何らかの影響を与えることができるのではないかとも思います。

自分の核

小木戸　「American Boyfriend」は、プロジェクトの最初から、ある物語を浮き上がらせると

Dinner for Two ©Futoshi Miyagi

いったテーマがあって始まったのでしょうか？　それとも創作をする過程でテーマが深まっていったところがあったのでしょうか？

ミヤギ　最初からだった気がします。自分が沖縄で育ったということもあって、育ってきた中で感じた抑圧のようなものがありました。沖縄について知るために歴史を振り返ると、なかなかセクシャル・マイノリティとして自分がシンパシーを覚えられる人物や出来事がなかったという記憶があります。調べるうちに興味を惹かれる出来事は断片的に見つかります。それらをまとめて何かを作り上げることによって、見えない存在に近づけるのではないかと「American Boyfriend」は進めています。

小木戸　シンパシーを覚えるとか、どんなことが胸に響くのかとか、僕の場合は、自分で自分のことをよくわからないままスタートしていて、すこしずつ自分自身を知っていくという感じでした。大学の時からモデルの仕事を始めましたが、その時々で、自分は何に向かおうとしているのだろう、自分の心はいったい何を望んでいるのだろうと探しながらやってきました。その過程で出会う人とか経験がヒントになって、自分自身について少しずつ分かってきました。その間十五年以上の歳月が流れています。自分の核に何があるのかを感じ取るまでに、とても時間がかかったと思っています。

ミヤギさんには、自分がなぜ創作をするのか、その動機とか、芸術を意識し始めた憶えがあったりしますか？

ミヤギ　最初は自分のセクシャリティに密接に結びついていました。ニューヨークにいた時の話になりますが、どうカミングアウトするかを考えていて、せっかく写真をやっているのだから写真を使うといいんじゃないかと思いつきました。「ストレンジャーズ」というシリーズ作品を作り始めたのです。知らない男の人にコンタクトを取り、その人の家に行って、彼と自分が恋人同士であるというシチュエーションを作り、その写真をタイマーで撮影するという連作です。その作品が並べば、自分という人間が鑑賞者に自ずとわかるだろうと考えました。作品として成立させると同時に、自分が何者であるかを伝えられる作品を試みたのです。

それから、自分の過去を遡っていくと沖縄の問題が出てくるので、それについても作品化しました。ですがアメリカでは、沖縄の問題を知ってはいても反応は薄く、二〇〇五年頃にはそれを取り扱う意義は理解されませんでした。その状態のまま僕は日本に戻ってきました。

日本に戻ってきても、沖縄とかセクシャル・マイノリティの問題は、ポンと出して受け入れられるものではありません。ではどうしようかとしばらく考えた結果、「American Boyfriend」を始めました。その時に思いついたことの一つが、ブログ形式で文章を発信して、そこに色々な引用を取り込むこと。YouTubeで映像や音を取り込めるので、音楽や文学、映画を趣味にする人たちが引用にたどり着いて、ブログを読んでくれるのではないかと考えました。もう一つの試みは、物語として作品を立ち上げることで、メロドラマといえるほどのロマンチックなストーリーを立ち上げて、見ている人がすんなりと入っていける作り方をしています。

小木戸　見る人がどのように思うかということを、最初からかなり意識されているのですね。

ミヤギ　いわゆるセクシャル・マイノリティにまつわる作品だけでやっていると、どうしても届かない人がいるというジレンマがあります。もっと広がるはずと思っているのですが…。

小木戸　なるほど。僕は自分を知れば知るほど、自分が着目するものが、いわゆる時代の流れからこぼれ落ちてしまったようなものにあることを実感してきました。自分がどんどん狭い方に行ってしまっているのではないか、と葛藤がありました。

当初、僕の中には、作品がお客さんにどのように届くのかを意識する「俯瞰」の目はありませんでした。自分が表現したいことを表現するのに必死だったのです。たとえばtokyo blue weepsの音楽に、ある時期から歌いながら打楽器（太鼓）を打つというスタイルを取り入れるのですが、これは馴染みのあるバンドスタイルではないですし、もしかしたら最初は、受け入れられにくいことだったかもしれません。この背景には、僕の故郷の神楽の存在があります。時代の中でマイノリティになっているものを選んでいたともいえます。いったいこれはどうしたことだろうと思ってきたんです。そうした自分の性質に一時期、落ち込んだこともありました。

ミヤギ　沖縄とセクシャリティは、もともと僕自身に深く関わることで、今はそれを表現するのに精一杯です。

次の段階として、沖縄における植民地的な問題やセクシャルマイノリティの問題というのは世界中で起きていることでもあるので、これらの物語を別の場所で語り直すことで、親和性だったり共鳴できる部分があるのではないかとなんとなく考えています。ゆくゆくは沖縄を意識しなくても語れる物語があるのではないかという気もしています。

二〇一五年の秋にはアメリカの日系人収容所に行ってきましたが、そこにも色々な物語があって、自分のテーマとつながる部分もあるのではないかと思いながら見てきました。

共感が生まれる場所

小木戸　僕にとって、ミヤギさんの作品の視点はマイノリティではなく、ど真ん中です。でも、ミヤギさんと僕とは扱っているテーマもやっていることも違います。そんな僕のような人から共感を覚えると言われることを、どのように感じていますか？

ミヤギ　間口の狭いものなのかもしれないと思っていたので、ゲイじゃなかったり沖縄出身じゃない人が見て何かを感じてくれるのは、とても嬉しいことですね。

小木戸　自分の見たかった物語の一つがここにあった！という感覚でした。現在から過去の時間軸へ遡っていくなかで、現在の生命《いのち》として作品＝物語が産まれています。僕もきっと自分にしかない形で表現を産むことができるはずだと何度も勇気づけられてきました。「何度沖縄に帰っても、僕はその関係を、そこに存在するであろう、豊かな隔たりを見つける事はできなかった。でも、その存在のありかを求め続ける事で、僕はふるさとに自らの場所を見つけ出そうとしている。」

　僕はある意味で、自分の居場所のようなものを表現を通して探してきたところがありますので、ミヤギさんのこのステイトメントは、自分を見るかのようでした。

ミヤギ　居場所のあるなしというのは、かなり個人的なところもあって、「沖縄で居場所がある」と思っている方々もたくさんいます。

　僕の場合は、十代の頃それほど外に出なかったので、沖縄にゲイのコミュニティはあるけれど、そこへの入っていき方がわからない、どうつながっていけるのだろうと悩んでいました。自分としてはもう少し別のつながり方を探しているようなところがありました。社交の場が苦手だったのかなぁ。

小木戸　つながりを築く方法は、人それぞれ、もっと多様なはずですもんね。ミヤギさんを見ていますと、慎重というか、注意深いというか思慮深い、あらゆる言動に対してとても繊細でいらっしゃるのを感じていて、その在り方から伝わってくることが多くあります。

ミヤギ　マイノリティといえば面白い考え方があって、柴田元幸さんと都甲幸治さんの対談（『新潮』二〇一二年七月）で「人種やジェンダー、階級とかじゃなくて、なんとなく馴染めない人とか友達の少ない人とかいうマイノリティというのもあっていい」というのがありました。

小木戸　なるほど。今、ミヤギさんとお話していて思うのは、たとえば人種や階級やセクシャリティなどで人を区分するのは乱暴すぎるということです。人としてもっと微細なところで、僕たち皆にはきっと共通すること、自分を見るかのようなところ、シンパシーを感じることというのがあるのではないかと思うのです。僕がミヤギさんの作品から感じるものは、沖縄とかセクシャル・マイノリティという主題の奥にある多くのパーソナルな要素から来ているのでしょう。それに対して自分の内側にあるものが頷いているのだと思います。

十代の頃は言いたくても言えなかったり、表現したくてもその術を知らなかったり。それが十年以上の歳月を経て、いろいろな経験をしたり、学んだり、技術を身につけたりして、心の内側にあるものが表現や作品として表に出てくる。ミヤギさんの作品を拝見していると、これらが写真や映像や文章という形になって現れてくるまでにどれだけの歳月やリサーチや読書経験があったことだろうと思うのです。そこにも心が動かされるポイントがあるのだろうと思います。

ミヤギフトシ

一九八一年沖縄生まれ。東京在住。美術作家。二十歳のときにアメリカに渡り、自身の作家活動を開始。帰国後、セレクトブックショップ「ユトレヒト」のスタッフとして活動しながら、創作を続ける。初の小説「アメリカの風景」を『文藝』(二〇一七年夏季号)に発表。
http://fmiyagi.com/

2 記憶

僕らの8・15

君は黙って途中まで足早に来た、
何かの気配でうつ伏せたとき
閃光は真うしろから君を搏《う》ち
埃煙《あいえん》がおさまり意識が返ると
それでも工場へ辿りつこうと
逃げてくる人々の波を潜り此処まで来て仆《たお》れた
この出来事の判断も自分の中に畳みこみ
そのまま素直に眼を閉じた、
峠三吉「その日はいつか」より

〈ヒロシマ〉といえば
〈ああ ヒロシマ〉とやさしくは
返ってこない

アジアの国々の死者たちや無辜の民が
いっせいに犯されたものの怒りを
噴き出すのだ

栗原貞子「ヒロシマというとき」より

終戦記念日に行なわれた朗読会「僕らの8・15」にて、広島で被爆して死んでいった少女のことが書き綴られた詩「その日はいつか」を朗読した体験は忘れ難い。その言葉や感情が、まるで自分自身の心の叫びであるかのように出ていったのだった。怒りや悲しみが噴き上がる死の詩であるにも関わらず、ずっと行き場のなかった悲しみがその行き場を見つけたかのように、その言葉たちには命が宿った。二〇〇九年には、栗原貞子「ヒロシマというとき」と原民喜「家なき子のクリスマス」を、二〇一〇年には、目取真俊「水滴」を、二〇一一年には、土井大助「花をささげる」を朗読して、やはり同様の体験をする。

小・中学校の頃は、夏休みになると必ず母が、戦争が描かれている映画やアニメを観に連れて行ってくれたものだ。演劇も鑑賞した記憶がある。

八月六日広島、八月九日長崎、八月十五日終戦。毎年この時期が来ると、図書や映画や演劇やドキュメンタリー、それから博物館資料など、さまざまな文献に触れながら戦争というものについて考える。この国や海の向こうで起きた悲惨な出来事を「本当に起こったこと」として実感していく想像力を養いながら、反戦の思いも新たにする。

このような夏休みの過ごし方は、母の教育方針だったのだろうか。しかし母親は思想のようなものについて口にするようなことは一切なかった。ご飯の買い物に行くのと同じように、田舎に帰るのと同じように、僕を車に乗せて連れて行ってくれた。

市民センター、劇場、映画館、沖縄ひめゆりの塔。家族旅行の時も、戦争に纏《まつ》わる場所があると、家族皆で足を止めたものだ。祖父母たちからもよく戦争体験について聞かせてもらった。

父方の祖母は、満州で従軍看護婦として働いた。祖父はマラリアに罹って、戦地の東南アジアから帰国。母方の祖母は、大分の田舎に残り、故郷の上空を飛ぶ戦闘機を見つめていた。米軍機が、日軍機の体当たり攻撃によって近所に墜落した時の話をよく聞かせてくれた。

祖父の戦争は、中国北部から始まり、年月とともに南下して、シンガポールで終戦を

迎えた。その間、八年であったと聞いたように思う。ずいぶんと長い間、海の向こうで戦争とともに過ごしたのだ。

祖父の片目は、弾丸の破片が当たって、視力が損なわれていた。その右目は瞼がすこし閉じていて小さく感じられ、眼球は見た目にも傷ついていることが分かった。戦場でトイレに行って戻ってきたら、ついさきほどまで自分の隣に座っていた仲間の兵士が死んでいたと言っていた。

祖父はいつか、自分がいた軍隊の士官や兵士たちの手記がまとめられた冊子を押入れから取り出してきて見せてくれたことがあった。子供ながらに、それがこれからの未来を生きる僕たちにとって重要なものだと思ったのを覚えている。

祖父が戦地に赴く時の家族写真も見せてもらった。港の近くだろうか。家族総出で祖父の見送りをしたという。祖父のお母さん、つまり僕の曾祖母にあたる人は、憂うように、どこか遠くを見つめているように見える。

僕たちの夏休みにはいつも「戦争について思う」という行為があった。幼い頃からずっと続けてきたことだったので、夏に戦争について思うというこの行為に、いつしか郷愁のようなものを覚えるようになっていた。

一九四五年八月、日本の死の夏に起きたことは、悲惨極まりない。しかし、その戦争について知り、考え、学び、想像して、平和に思いを馳せるというこの行為には、僕はある種のぬくもりとなつかしさを覚える。それが、僕という人間を形成している家族の愛の風景の一つだったからだ。戦争で視力を損なった祖父の右目さえも、今や僕の記憶のなかのぬくもりとなっている。

戦争経験者は高齢となり、次々にその命を全うしてゆく。戦争を直に語れる人の数はいよいよ少なくなってきている。僕の祖父母たちも全員旅立った。時は流れ、過ぎてゆく。その記憶を繋いでいくべき僕たちには、もうとっくに時間がないはずだった。しかし昨今、そのようなことにはほとんど関心が寄せられていないように思う。今年の終戦記念日にも新聞の一面にそれを伝える記事を見ていたかった。今年の夏こそは、日本中がこの国の歴史や、死者たちや、至るところに埋もれている知られざる人々の人生や、その声なき声に耳を澄ませて、心を一つにしてゆく光景を見ていたかった。

あらゆるものを包容しながら

ひさしぶりに、クエーカーの皆さまにお会いした。日曜礼拝会と、社会平和問題をテーマとした懇談会に参加させていただく。この日は、第二次世界大戦中のアメリカ本土における日系人とその強制収容所について、そしてそこでのクエーカーたちの関わりについての勉強会だった。

もともと迫害経験を経て英国で生まれているフレンド派の姿勢は、社会的に弱い立場にある人々を慮《おもんぱか》るところに重きが置かれていると思う。その理念を日々実践しようとしている皆さんの在り方に、はっとさせられる。これまでも何度もはっとさせられてきたのだ。

普段から、慎重に注意深く過ごすことを心がけているつもりだけれど、ひさしぶりに皆さんの在り方に触れてみて、何か忘れかけていたことがあったかもしれないと思う。今、世の中には、何かに純粋であること、そしてそのひたむきな気持ちをありのままに話したりすることは、恥ずかしいことであるとか、普通はしないことであるといったムードがないだろうか。普通は〜しない。普通は〜でしょう。

僕は自分の人柄や特性を理解したうえで、社会的な場では、相手を驚かせないように、ほどよい雰囲気のもとでのコミュニケーションを心がけている。しかし、クエーカーの皆さまと接していると、前向きな心がけのつもりであったその在り方が、やはり本来はほとんど必要のないものなのではないかと思えてきて、安堵したりする。

そうだ、こんな風に、心を開いて、堂々と、自分の良しとするものに向かっていてよいのだ。

そうだ、こんな風に、心を開いて、堂々と、自分の思いを、願いを、他者と共有するように語っていてよいのだ、すくなくとも、この場では。

翌日のこと。代々木上原のモスクの前で、ここに勤務しているトルコ人の知人と出会《でくわ》す。

——ひさしぶり〜！ 今日、よかったら食べていってね。十九時すぎくらいからだよ。

ひさしぶりに会えてよかった！

この日、六月六日は、イスラム教のラマダン（断食月）がはじまった日だった。この日から七月四日までの約一ヶ月間、毎夜、断食明けの食事としてイフタールが提供される。彼から声をかけてもらったことで、僕はイスラム教徒の皆さんたちとともに食事をいただくことになった。心より感謝します。ありがとうございます。いただきます。そして僕はそこで、口にする食べ物を通して、モスクの寛容の精神を通して、慈悲を受ける。食事とは本来こんなにもありがたくて、こんなにも美味しいものだったのだなぁ。ものの味わいと意味を存分に感じ取りながら、よく噛んで、この心と身体にゆきわたらせるように食べた。

初めてこの美しいモスクを訪れたのは、二十代半ばの頃。それからというもの、静かな時間を過ごしたい時、心を落ち着けたい時などに、何度もここを訪れては、すこしの間、礼拝堂に居させてもらった。ふと目を向けたモスク内の掲示物には、以下のような文言がある。

イスラム教では、余裕のある人はお金を出す義務があり、貧しい人は施しを受ける権利があると教えています。モスクは助け合いの場でもあるのです。本来、富は個人のものではなく、神様のものだから、富を貧しい人に譲るのです。その伝統から、モスクでは金曜礼拝のあとには、毎回、無料で丼ぶりご飯を配っています。

その翌日は、仏教についてのドキュメンタリー映画を見た。気がつけば、僕は三日連続で異なる宗教の場にいて、その心に触れていた。ある日はクエーカーの心を、ある日はイスラムの心を、ある日は仏教の心を。僕はそのそれぞれの場において、神聖な人間

の祈りを見ている。そこに優劣はない。

大いなるものは、世界中に存在している。たとえば、九州の故郷の山々や暮らしのそこここにある自然物を目の前にしていると、神と仏が習合している日本独自の世界を見る。島根という大地を踏みしめていると、日本の八百万の神さまの存在を感じて、僕の心と身体は神楽の心に突き動かされる。また礼拝堂では、たとえば、クエーカーの皆さんの心のなかに、そしてイスラム教徒の皆さんの心のなかに、各々の大いなるものの存在を見る。ノルウェーでは、宣教師である親友たちの心のなかに、その教会のなかに。東南アジアでは、遠い昔に深いご縁があったであろうことを感じて涙しながら、そこがブッダの地であることを知る。そのすべてが、本当なんだなぁと思う。

日々飛び込んでくる宗教を巡るニュースに、為す術なく、深い悲しみに沈んでしまうことも事実だ。そんな時、僕という一人の人間はどう生きるのだろうと真摯に考えてみる。まず僕は、自分が心から美しいと感じる人々の心と、その光を見ながら、それらのことを大切に思っていたい。そうしていたいと思う。

遠い記憶

カンボジアのシェムリアップ空港へ降り立ち、はじめてクメールの地を踏んだある年の出来事。初めて訪れるはずのその土地のことを心底なつかしく感じて、思いがけず深い安堵感と幸福感に包まれる。カンボジアの空気や湿度、田園風景、人びとの顔や肌の感じ、子どもたちの瞳や笑顔、その言語の響き、何から何までがたまらなく愛おしいのだ。目の前の彼・彼女たちに思わず心のなかで、このように話しかけた。

――ほんとうに ひさしぶり

――元気だった？

クメールの友たちは満面の笑みを湛えている。僕たちは、カンボジア人の案内人・パオのバイクに跨《またが》っている。目の前を流れる風景の向こうに、そこかしこに、自分の記憶の底に眠っていたものを呼び起こす何かがあるような気がしてならない。全身で風をいっぱいに受けながら「その何か」をとらえようとする。あぁ、ここには戦後の日本が失ってきたあらゆるものがある。あちらこちらにある。クメールの大いなる大地が、土地の人びとが、僕たちを歓迎して、抱擁してくれている。胸が疼きだし、この上ない温もりと、この上ない悲しみの感覚が同時によみがえってくる。やがて心の奥底から涙が溢れ出てきてこぼれ落ちる。僕の心が何かを覚えている。

パオには「観光のスポットではなく、できるかぎり、地元の人たちの生活に近いところを案内してほしい」とお願いする。アンコールワット周辺のカンボジア人ドライバーのほとんどは「トゥクトゥク（オート三輪）」を所有して仕事をしている。パオはそのトゥクトゥクを持たずに小型バイクのみで営業しているめずらしいドライバーだった。いわゆる正統ではない、異端児だった。しかしそのほうがかえって、僕たちの望む旅には適っていた。彼は自由にトゥクトゥクでは走行が難しそうなでこぼこ道を何度も通り抜けながら、僕たちを土地の人びとの暮らしに近づけてくれる。地元の人たちが通う野外食堂。そこで味わえるスープは、ホテルのそれとは違う。土着の人びととの生活の味がする。野生の香草がきいている。採りたてのものに違いない。その草の味と強い匂いが、心の記憶に勢いよく迫ってくる。

何かに触れるごとに、何かを思い出しそうになる。アンコールワット内のある箇所、人びとが大量の線香を焚きながら祈りを捧げている仏陀像のまえで、それは突然嗚咽にかわる。人びとは跪《ひざまづ》き、切実な祈りを捧げている。遠い昔から現在に至るまで、延々と重ねられてきた人びとの念が、層をなすように、この光景の奥を貫いている。じっと、注意深く、凝らすように感じていれば、往時の人びとの暮らしが見えてくる。その声が聞こえてくる。時空間を超えて交わるいくつもの人生、命たち。浮遊する先人たち。ある遠い記憶が、フラッシュバックする。

The Land of Buddha

遠い遠い海の向こう、私の故郷に思いを馳せる。風が向こうから、蓮の葉の香りを運んできてくれる。私は何処へ来てしまったのだろう、何故この国に生まれ落ちたのだろう。私は懲りずに、何度も、何度も、繰り返してしまう。

――悲しいのなら悲しみなさい、悲しいと伝えられるだけの力をもちなさい。

遠くから、母の声が聞こえる。

すべてはおぼろげな心の記憶。とうさん、かあさん、ちいさな弟、かわいい妹たち。私には家族がいた。朝、昼、晩、食事はいつもみんな一緒で、おうちの床に輪になって座って、分け合いながら食べた。

確か、田畑で採れる穀類やお野菜を、それからメコンのお魚を、私がお料理していたと思う。夕暮れ時には必ず、メコンの岸へ出かけて、お祈りをした。

あしたも家族が、平和で安全で健康でありますように。

メコン。この川の流れは永遠で、わたしたちに知恵と恵みを与えてくれる。私の祖先さまたちもやはり、この川とともに生きてきたという。

この川の流れの向こう、ずっと向こうには、わたしたちの知らない人たちが暮らしているらしい。本当だろうか。だとしたら、どのような人たちがいるのだろう。目を閉じて向こうの世界を思う。会ってみたい。どきどきする。だけど少しこわい。

お天道さまが仏陀色にふくらんで、くずれながら落ちてゆく。さようなら。きっとあの辺り。きっとあの辺りに、人びとがいるんだろう。メコンはわたしたちのことも、私の知らない人たちのこともぜんぶ知っている。私の偉大な神さま。


生まれてはじめて悪夢をみた。もくもくと広がりながら迫ってくる人影のような真っ黒い雲に襲われる夢。恐怖で目が覚めると、私はいつものように弟や妹たちを抱きしめて寝ていた。温かい。ほっとして明け方を迎えた。

数日前、こわい噂を耳にした。わたしたちの村は陸というものの上にあるらしい。その陸はどこまでも果てしなく続いていて、この向こうには大小さまざまな村が存在していて、民族とよばれる集団も暮らしている。そのもっともっと向こう、幾つもの山々、谷、川をこえた彼方には、わたしたちとは容姿も言葉も生活のかたちもまるで違う人びとが住んでいる。その人たちは、国というものをつくりあげていて、ときにおたがいの陸や食物を奪い合っている。その戦いのなかから、次々に隣の国を打ち負かして強くなっていくものと、それに従うものというのができてきている。そしてその強いほうは、この大きな大きな陸全体を一つにしようとしていて、わたしたちの暮らすこの辺りにまで近づいてきているというのだ。こわい。もしかしたら、メコンを渡ってくるのだろうか。いやだ。そんなのうそだ。そんなばけものがメコンに足を踏み入れられるはずがないよ。メコンは遠い昔からわたしたちの暮らしを守ってきてくれたんだ。もしももしもこの話がほんとうなら、神さまは怒っているにちがいない。川の流れを変えてはいけない。ねぇ、神さま、そうでしょ？　こわい。私、こわいよ。

あしたも家族が、平和で安全で健康でありますように。

戦争が、わたしたち家族を引き裂いたのだと思う。私はどこの誰であったのか。わたしたちの身にいったい何が起こったのか。あれはどの時代の、どんな歴史にあたるのか、私はそれを知らない。記憶の断片。浮かび上がる心象風景。武装した男たちが一瞬にして村を不幸にしてしまった。
私だけ、何処か遠くへ連れ去られた。私はそれ以来二度と家族と会えることはなかった。おうちへ帰りたかった。ずっとずっとおうちへ帰りたかった。

雨のジャングル。胸のなかに残る最後の記憶は、窓に映った自分の姿。おかっぱで色黒の女の子。そう、私はクメール人。


とうさん、かあさん、そして愛おしい弟、妹たち、みんな元気ですか？　私はあなたたちの名前を、顔を、思い出すことができません。でもこの胸でしっかりと覚えています、そのぬくもりを、あなたたちのことを。

今は、何処におりますか。寂しくないですか。苦しくないですか。元気ですか。健康ですか。安全ですか。平和ですか。私はやはりどうしても気になっているのです。みんながあれからどのような人生を送ったのか。もしも辛い目に遭ったのなら、あなたたちを抱きしめて、抱きしめて、その心や魂を鎮めてあげたいのです。

ごめんね。私ひとりはぐれてしまった。今は、ちゃんと帰りたい場所に還っておりますか。そこに心の居場所は在りますか。もしも何処かではぐれてしまっているのなら、どうかどうか私に救いに行かせてください。私はいつまでも、あなたたちのことを想っています。愛しています。

あしたも家族が、平和で安全で健康でありますように。

共鳴

ダウン症候群という、生まれながらの特性をもった人たちがいる。アトリエAというダウン症・自閉症のある子どもたちを中心とした絵の教室で出会った仲間たちのことを紹介したい。

彼・彼女たちは、愛情表現がまっすぐで、スキンシップがとても自然で上手だ。最初はすこしびっくりする。でもそれは、感動を伴うような驚きに近いものではないだろうか。

——としくん、こっちにおいでよ
——ここ ここ
——いっしょにかこうよ
——だいすき
——ちゅ
——やだよ　ぼくはこれがいいの
——としくん、かわいいね

時には、電話がかかってきて、

——おれ、愛の歌をつくったんだ。きいてくれ！

などと唐突に告げられ、しばらくの間、その熱唱を聴くことになる。そして、その素晴らしい自己表現に胸を打たれる。

またメールでは、

——わたし成人しました。あたらしいお仕事もきまりました。

というメッセージとともに、振袖姿の写真が届く。そのメッセージの最後には、

——としくんには音楽をがんばってほしいです！

とある。一瞬、日々の苦悩がやわらぐかのような気持ちにさせてもらうけれど、地に足をつけて現実をしっかりと生きてゆく彼女の姿に身が引き締まる。

彼らとコミュニケーションをとる時は、いつもとちょっと違った層のなかへ溶け込んでいく感覚がある。端的に言えば、心をよりありのままに開いていくような、そんな層だ。世間というもののなかで、僕たちのなかには「こんな自分は出してはいけない」とか「そんなことをしたら恥ずかしい」などという風に、当然のように自制している「自分自身」というのがあるのではないだろうか。それとは対照的に、彼らとは、あらゆる

自分自身を積極的に肯定して開いていくところで触れ合っている。触れ合わせてもらっていると言ったほうがいいかもしれない。

彼らは僕が僕でいられるかけがえのない機会をもたらしてくれている。きれいごとではなくて、本当にそうだと思う。それゆえにもちろん、すこし大変なときもある。お互いに心にすなおに、心の望むままに時を過ごしていくのだから、すこしめんどうなわがままを言われることだってある。彼らとの触れ合いは、お互いのあるがままと付き合っていくということにかぎりなく近い。心のままに居られる相手がいるということは、幸せなことだと思う。ありのままに受け容れられるということが、人をどれだけ救うことだろう。僕のもとへ、僕の心のなかへあるがままに飛びこんでくる彼らは、その彼らの感性は、純真で美しく、尊い。

心から話し合える友達ができた。初めて彼らに会った時、はっきりとそう感じたことを覚えている。

十代の頃に「レインマン」とか「恋愛小説家」という映画を観た。まるで自分自身を見るかのように、主人公たちにつよいシンパシーを感じたことを覚えている。

生活のなかで、前へ、先へ進めない局面が無限にある。僕の場合、中学生の頃に、その傾向がもっともつよかった。あれはもはや傾向などというものではなく、完全に心の不調和から生じた心身の病だった。文字通り、前へ進むことができずにいたのだ。

部屋のドアを開けてそこを通過するとき、そのドアの開け方、ドアの通過の仕方がまずかったような気がして、ドアを開ける前に自分がいた地点に戻る。そしてそこからもう一度チャレンジする。すると、またまずかったような気がして、ふたたび戻る。これを何度も何度も繰り返す。時折、自分の気持ち的に「クリア」となることがあり、その時だけは前へ進める。

塾の帰り、桜並木の坂の途中で一本の木の周りをぐるぐるとまわり続ける。何度もぐるぐるとまわっているのは、先へ進むためのトライを何度もしているということ。一周する度に、その次のチャレンジへと突入している。心がなかなか「クリア、ゴー」とならない。そのうち、帰宅が遅すぎる僕のことを心配して、両親が迎えにやって来る。

——としくん、なにしてるの……

僕のことで両親が酷く心を痛めている。そこで僕は半ば無理やりに前へ進むことになる。

食事の時、ごはんが盛りつけられたお茶碗やお皿がテーブルに運ばれてくる。すると、そのごはんの登場のしかたがわるかったような気がして、そのことが原因で自分や家族にわるいものがついてしまうという強迫観念に駆られ、お茶碗をテーブル上で移動させてみる。自分の茶碗と父親のそれを入れ替えてみたり、やっぱりそれらを元に戻してみたり。こうして先の見えない「やり直し」を繰り返す。駐輪場では……。トイレでは……。下校時には……。奇行を何度も繰り返す。延々と終着地のないままに、来る日も来る日も、何度も、何年も。

中学生の頃の僕を知る人たちは、小木戸くんといえば「あの気持ちのわるい人」ではないだろうか。僕は当時の自分自身の一挙一動を、そのあらゆる局面での心理状態を、そしてそうであらねばならなかった理由を、すべてはっきりと覚えている。まるで昨日のことのようにはっきりと。

あの頃の僕とおおよそ同じような症状が出ているお兄さんを、駅でしばしば見かける。もしかするとあのお兄さんは障がい者手帳なるものを持っているかもしれない。でも、彼は僕とさほど変わりはない、と心底思う。彼は僕であり、僕は彼だ。彼の様子やその「行ない」を見ていると、その心の葛藤のプロセスが手にとるように分かるようだ。その奇妙で異様に見える動作の一つ一つには、おそらく、正当な理由がある。彼に出会《でくわ》し

「lico」ミュージックビデオより

た日は、その後に目をつぶって念のようなものを送ってみる。こうしたことがほんのすこしだけでも彼を支えることになればいいな、と本気で思っている。

たとえば、いわゆる罪を犯してしまった人たちへも、深い同情の念を抱くことがある。人を形づくる根本的な愛情を欠き、心に深刻な問題を抱えて、絶望に至った人たちがいるのだとしたら。もしもなんてないのだけれど、もしも自分がそれと同じ境遇にあり、同じ経験をして、光を見ることなく真っ暗闇のなかで死ぬほどに辛い思いをし続けたとしたら、どうだろう。

僕は人に助けられた。人との出会いに恵まれて、広い世界を教えられて、未来の可能性を知って、その道筋で「表現」という自分自身を解放してくれるものと出会った。もしも僕に「表現」という術が与えられていなかったとしたら、どうだっただろう。

現在の僕からは、あの頃の症状は消えている。それはあれから、心ある人たちに愛されてきたからだと思う。それでも未だに、精神的な孤独を感じる時には、あのころされるかのような暗闇に突き落とされることがある。

——こんにちは。おひさしぶりです。今、あなたのまえには、どのような景色がひろがっていますか。僕はなんとかやっております。今ちょうど、あなたのことを想っているところです。僕は音楽をしたり文章を書いたりして、人のまえで自分をあらわにしていくようなことをしております。自分を見せることをおそれながらもなお自分を見せてゆくというようなことをしております。たぶん見たところは、元気で、正常、大丈夫かと思います。音楽を奏でて、ときには別のお仕事で写真を撮られたりすることもあります。自分を必要としてもらって、心底嬉しく、救われるような気持ちになります。

対談 小林エリカ

Erika Kobayashi, writer

まっすぐな人

小木戸　小林エリカさんの作品で最初に読んだのは『この気持ちいったい何語だったらつうじるの?』でした。

小林　私はトシくんを、若松孝二監督の「実録・連合赤軍」ではじめて見たかな。トシくんはすごいまっすぐな人だなといつも感じてます。私は穿《うが》っているというか、あんまりまっすぐに書くことができないので……。

小木戸　意外ですね。僕から見るエリカさんの作品は、自分の内なる声にものすごくまっすぐであると捉えていました……。

小林　内なる声にはすごく忠実でまっすぐでありたいと思うし、常に誠実に書きたいと思っていますけど、それを直接的に表現するということはほとんどしていません。私は小説とか漫画を書いてます。エッセイ的な作品も書いているけど、それは本当の意味でのエッセイではなくて、自分の中では小説の一環と思って書いているところがあるんです。

小木戸　僕は「まっすぐ」ということを敢えてするようにしています。自分の中でいろいろ難しい時期もありましたが、その途上、エリカさんの作品に大きな励ましをいただきました。『この気持ちいったい何語だったらつうじるの？』でも、「私はぴったりとくる言葉を見つけた時には広大な砂漠の中から宝石を掘り当てたみたいに嬉しくなります」「モヤモヤした気持ちをきちんと言葉にできた時には的当てでずっと遠くにある景品を落としたみたいにガッツポーズを決めたくなります」「知らない言葉に出会えば新しい世界が開けたみたいにワクワクします」「言葉が気持ちがあなたに通じる、それが私には本当に奇跡みたいなことに思えるのです」……こうしたエリカさんの言葉に触れた時、伝えたいことを臆することなく言葉にして伝えていいんだって、心から思えたんです。

僕には「このことに一生懸命になっていて良いのだろうか」とか、「社会的に認められなければしてはいけないのではないか」というような不安な気持ちがあり、後ろめたさを感じたり、世の中の評価を気にしすぎたりしていたところがありました。そうした時に、エリカさんの作品や言葉と出会って、心の望むように生きて良いし、探求して良いし、自分の気持ちを言葉にして存分に表現して良いのだと、背中を押してもらったようでした。

「まっすぐ」であることは、エリカさんをはじめ、尊敬する作家の存在や作品によって後押しされて成り立っているところもあるんです。

作家になろうと思ったとき

小林　ありがとうございます。

小木戸　『空爆の日に会いましょう』[*1]という作品がありますね。戦争に対する表現として、心のままに行動に移されていて、その大胆さに驚きました。エリカさんのそのまっすぐな生き方に、憧れのようなものを感じたと思います。

小林　子供の頃から、たとえば「なんで戦争をしているんだろう」とか「なんで一方では誰かが殺されているのに一方ではそれを気に留めもしないんだろう」とかっていうことが私には不思議だったし、そんな疑問がいくつもあった。命は平等だって聞いていたはずなのに、全然そんなことないじゃん、って。でも、「大人」になるとみんなそういう「なぜ？」ってなかなか言わなくなるから。それでもやっぱりおかしいと思っているということをきちんと言いたいという気持ちがずっとあって。まあ、当時はもうただただ直感的に動いていただけ

＊注1　9・11後のアメリカによるアフガニスタン空爆に際し、空爆のニュースを聞いた日には、東京の街で他人の家を泊まり歩くことを決めた23歳の女の子の記録。空爆があった場所、死者の数とともに、その日見た夢を一三三日間にわたって記録するという作品。（二〇〇二年、マガジンハウス刊）

なのかもしれないけれど。最近になってようやく、あの時に自分のやりたかったことがこういうことだったのか、と気づいたところもあります。

小木戸　僕はすごく長い間、自分の心が望んでいるものが何であるのかを探してきたのですが、エリカさんの場合、その初期の若い頃の直感がすでに心のすごく深い部分に直結していたのではないかと感じます。一方で、僕は自分というものを知らなかったように思います。九州の田舎っ子で、役者の仕事に対する憧れだけはつよくありましたが、自分の心に迫っていきたくても、その術を知りませんでした。高校卒業時にモデル事務所に入って、その頃から自分探しが始まるんです。もちろん、今は、長い間自分探しをしてきた自分だからこそできることがあると思っています。

小林　小さい頃にも大人になってからも、私には強い夢や憧れがあって。でも、それを叶えるのはすごく難しいことで、叶う人はすごいラッキーだと思います。

トシくんがそうやってモデルになって、今は俳優もやっているということは、すごいラッキーなことだし、私も作家になりたいって憧れていて、実際に本を書かせていただけるようになったということは、本当に稀で、ラッキーなことだと思っています。でも同時に、私は、夢が叶った！とはやっぱりまだ思えなくて、もっともっといいものが書きたいと思うし、未だに夢を叶えるための途上である気持ちの方が強いし、ずっとそうでありたいとも思います。

表現の形

小林　私からすると、トシくんが身体を使って表現するというのがとても不思議です。私のやり方とは違うから、どういう風に作品を作っているのか興味がありますね。

小木戸　近年、身体を使う表現が増えてきています。以前は自分の考えとか、世界で起きていること、社会事象に対しての感情的なレスポンスが、自分の作品を形づくっていたと思います。ですが、身体に関しては本当に不思議で、自分の考えとか感情よりもむしろ自分の身体そのものが媒介となって表現が生まれてくるといいますか……、身体に関しては今までと違うんです。音楽では、明らかに世界に対する思いのようなものがあって、それを音にして、言葉にして表現して届けてきたんです。身体の表現は、そうした自我のない状態にして臨んだ方が、自分が作品の中で機能すると実感しています。

　自分をニュートラルな状態にしても、やはりちゃんと自分はいるんです。感覚的な話になりますが、ひたすら身体をゆるめて、表層的な自分ではなくて、自分の奥底というか、自分の潜在的な意識に近づいてゆく訓練をしています。そうした中で、あまり頭でごちゃごちゃ考えることなく、自然に出てきたものというのは、とても自分らしいものなのではないかと思うようになりました。

小林　「書く」ということでも、私は何かそこにある現実や人や世界をただ写し取るような形で書けるといいなという考えもあって、そんな方法を探しているところもあります。

　見えないものを写し取って、紙の上に留めたい、というような気持ちがあって。でも、そこに耳をすますのには鍛錬が必要で、いつも難しいなと思いながらやっています。

小木戸　エリカさんの作品では、目の前で起きた一見何でもないような出来事において、「それってどういうことなの？」というとても思慮深い「問い」と「思案」のプロセスがあり、物事の奥にある現実を見つめています。

小林　日常の誰かと交わす会話とか、目の前に見えている何かとか、それだけが決して全てというわけじゃない、っていう気持ちがあります。たとえば家族とか恋人とか親しい人とどれだけ喋っても、やっぱりわからなかったり知らなかったり知り得ない部分って必ずあるはずだし、どこかの場所へ行ってどれだけ歩き回って何かを見たとしても、やっぱり見えないわからないものってあると、私は思う。ただ、不思議と作品とか表現の中では、これまで知らなかったり見えていなかった部分が垣間見えることがある。

　私にとってはアンネ・フランクの日記を読んだ時に、それが全然違う国の全然違う時代の全然異なる状況に生きていた女の子なのにもかかわらず、何かとてつもなく近しい人を見つけることができたような気持ちになったんです。

人の心の奥底や、知らないものや見えないものに、表現を通して、触れる感覚、それを同時代の作家さんに見つけられたら素晴らしいですし、それが百年前や千年前の、生まれた国や生きた環境も違う作家さんに見つけられても素晴らしい。

普段の会話じゃ伝えられないことも、表現の中であれば伝えることができる、私はそういうところに興味があるのかな。

小木戸　考えていることを作品にするときに、とても冷静に俯瞰的にきちんと読者に届くように書いていくエリカさんがいるのと同時に、情熱的に無我夢中に研究室に籠もって書いていく学者さんのようなエリカさんが存在しているのを感じます。

小林　私は無意識のうちに色々なものに囚われている気がします。すごく自由に生きているつもりでも、まだまだやっぱり、女であることから、日常生活から、表現まで「こうでなくては」という既成概念に縛られていることが、たくさんありすぎて。表現においても、自分では完全に自由なつもりでいても、やっぱり「漫画はこうでなくてはいけない」とか「小説はこうでなくてはいけない」という勝手な呪縛から抜け出すのはすごく難しかった。ある時、香港のマンガ家の友人が描いた全編鉛筆描きのマンガを見せられた時、あぁ、もっともっと表現って自由なものなんだ、と気づいて。

こんなのはマンガじゃない、小説じゃない、と言われることを恐れずに、もっと自由に、本当に自分が描きたいように書こうと思ったのが『マダム・キュリーと朝食を』と『光の子ども』でした。実際、全く漫画のコマ割じゃないし、小説という形ではないと思われるかもしれないけれど。でも、自分自身の心に嘘をつかないものを書きたいと思って。

でもやっぱり心をさらけ出した時に傷つくのは恐ろしいし、小説においては、特に憧れが強くて文豪達のような作品を書きたいと思う気持ちもあったし。

でも、憧れは憧れでしかなくて誰かの真似をしようとしても意味がないし、表現における不自由さって、もしかして自分で規定したり制限したりしていることの方が多いのかもしれないと、私の場合は思いました。

日々の生活や生き方についても私はやっぱり同じで、自分自身が思い込んでいる「こうでなくては」の呪縛からどれだけ逃れられるかが挑戦だと思っています。

日記について

小林 「親愛なるキティーたちへ」という作品で、私は実父の日記をモチーフにした作品を作ったのですが、私は父が八十歳の時に、たまたま父が十六歳から十七歳にかけて書き記していた日記を見つけたんです。それは、ちょうど第二次世界大戦中と敗戦後すぐのものでした。

私の目の前にいる八十歳の父は、これまで私にとってはずっと父親という、迷ったり泣いたりすることもないように見える、大人の人でした。

でも日記を読むと、父はその当時の私よりも更に年下で、戦中と戦後を生きながらものすごく悩むし、恋もしたりする、少年だったんです。

これはすごく当たり前のことなんだけど、父も少年だったんだ、ということを知るだけで私にとっては大きな発見でした。

勿論、父から戦争中の話も聞いていましたけれど、その日記の中にあったのは「又一日命が延びた」と書き記し、敗戦を知って思わずよろめくという、父の口から聞いていたのとは全く別の姿でした。そして、そこにあったのは、当時十六歳だった父の、その時の気持ちでした。もちろん書かれていたことが本当の気持ちかどうかは分からないし、そこにも書けなかった気持ちもあったかもしれません。

ただ、私は父の娘として三十年も一緒に過ごしてきて、まるで何もかも知っているような気持ちでいましたが、私は何も知らなかったんだな、ということを知った。そのことが発見でした。

時空を超えてあるものに触れる。そうした意味で日記や何かを書き残すこと、それを読むことに、私はいつも凄みを感じます。

小木戸　アンネの日記など他者の日記を読むのと、自分の父親の日記を読むのでは、気持ちの違いがありましたか？

小林　そうですね。アンネと父がちょうど同じ年の生まれであったことから、読みながらそれは意識しました。ただ、父の場合には戦争を生き延びていて、この日記を書いていた少年が、大人になって年を取って、今この私の目の前にいる、ということに大きな意味がありました。

逆にそこから、アンネは永遠に少女のような気持ちがしていたけれど、もしも、アンネが戦争で死なずに生き延びていたら、八十歳だったのだ、ということにも思い至りました。

そして、私は、アンネが自分と同じ三十歳や、もっとおばさんになったり、おばあさんになった時に、どんなものを書いたのか、それを読みたかった、と強く思いました。

私は「アンネの日記」を読んだことから、作家になりたいと思ったんです。十三歳のアンネ・フランクが「私の望みは、死んでからもなお生きつづけること！」と書いていました。私はそれを読んだ当時十歳だったのですが、なるほど、文章というものを書き残せば、死んでもなお生き延びることができるんだ、と知りすごく感動したんです。当時の私は、彼女がいったいどうやって死んでしまったかとか何もしらなくて、ただ一生懸命に彼女の日記だけを読んでいたのです。そして、その日記に「いつの日か、ジャーナリストか作家になれるでしょうか。」「なぜなら、書くことによって、新たにすべてを把握しなおすことができるからです。わたしの想念、わたしの理想、わたしの夢、ことごとくを。」と書かれているのを読みました。

以来、私にとっては書くということが最重要事項になったんです。

小林エリカ（こばやし・えりか）
一九七八年東京生まれ。作家・マンガ家。
二〇一四年、小説「マダム・キュリーと朝食を」（集英社）で三島由紀夫賞候補、芥川龍之介賞候補。「彼女は鏡の中を覗きこむ」「光の子ども」「忘れられないの」「親愛なるキティーたちへ」ほか著書多数。
http://erikakobayashi.com/

3 交差

拡張するファッション

水戸芸術館現代美術ギャラリー

水戸芸術館、「拡張するファッション」展にて。COSMIC WONDER のパフォーマンスに演者として参加する。大学生だった頃、COSMIC WONDER の衣服と出会った。それから、足繁く通うようになった。衣服とは、やはり心の表現でもあると思う。表面的には、自分の体型に合う丈、デザインを探しているようだけど、本当に探しているのは、その精神に合うものだ。僕も、皆も、物事も、あらゆることが変容してゆく。そんな世界において、響き合えるような人びとと交差し、調和してゆくように働けることは、歓びだ。

彼らの新しい時代の、新しい衣服を、身につけている。そのことの、奇跡を思う。

COSMIC WONDER "COSMIC WONDER RESTAURANT" 18th May, 2014, Art Tower Mito / Photography by Shie Okabe

たとえば、あの、雨の日に。

キチム

何かをつよく想えば、叶う。世界には、そういう種類のことってあると思う。しかし今思えば、彼らはそれぞれの「命の仕事」と見事に結びついているからこそ、魔法使いのように自然に、見る見ると、事をなしてゆくのだろう。手を差し伸べられるようにして、導かれるようにして、彼らの風に乗せられた。

――あなたはあなたの思うままに

そう告げられて、シャッターとともに記憶されてゆく世界のなかを、悲しみをありのままに受け容れてくれて抱擁してくれる美しき光の音楽のなかを、思うままに泳がせてもらう。被写体となり、歌い手となり、朗読者となり、開いてゆく。胸に溢れてくる気持ちを、つぎつぎと放ってゆく。

引き出されるかのように、導かれるかのように。そんな日々のはじまりに、写真家・中川正子さん、音楽家・haruka nakamuraさんとの出会いがあった。

ignition gallery・熊谷充紘さんプロデュースのライブパフォーマンスシリーズにおける記録。

たとえば、あの、雨の日に。
6th July, 2014　キチム
photography by Masako Nakagawa

カイツブリの塔

名古屋タワー

準備しておいた一編の詩の朗読から始める。その先は、何も決めていない世界へ。即興的に進んでいくharuka nakamuraくんの叙情的なピアノ旋律、繊細に瑞々しく展開していく塩川いづみさんの絵の具と筆による風景を全身で受けながら、その場で詩と歌によって物語をつくってゆく。全七十五分。

印象深いのは、その本番のなかで、尊敬するお二方の世界を信じて、心を大きく開くようにして飛びこんでゆくと、自分のなかに一匹の鳥の視点が芽生えたことだ。

お互いを感じながらの即興的な音楽とペインティングに導かれるようにして、一羽の旅する鳥のなかから、自ずと言葉が、物語が、誕生した。

カイツブリの塔
28th March, 2015 名古屋タワー
photography by mïndy miki

カイツブリの旅

ハロウ
お元気ですか
ごぶさたしております
あれからいかがお過ごしですか

今あなたのいるそこからは、何が見えておりますか

今あなたのいるそこは、どんな場所ですか

いたいですか、さみしいですか、しあわせですか、それとも、くるしいですか

ひとりですか、ふたりですか、それとも、さんにんですか

目のまえに広がっている風景は、あなたが長く待ち望んでいたものですか
そこは、おうちからどれほど離れておりますか。
それとも、おかわりなくご家族とおられるのですか

僕はもう ずいぶんずいぶん 遠くへ来てしまいました。
長いあいだ おうちからとても離れていて、
いくつもの国国やその土地土地で過ごしてきたものですから、
今となっては、じぶんのしょぞくの場所がどこであるのか、はっきりしません。
そのそれぞれの場所に、とてつもなく懐かしくて涙してしまうような、
愛おしい記憶があるのです。
縁あって行き着いた土地。そこで出会った人びと。愛したひと。そこでの出来事。
それらすべての記憶はまるで、時空をこえて一つとしてまとまる、
大きな家族のようです。

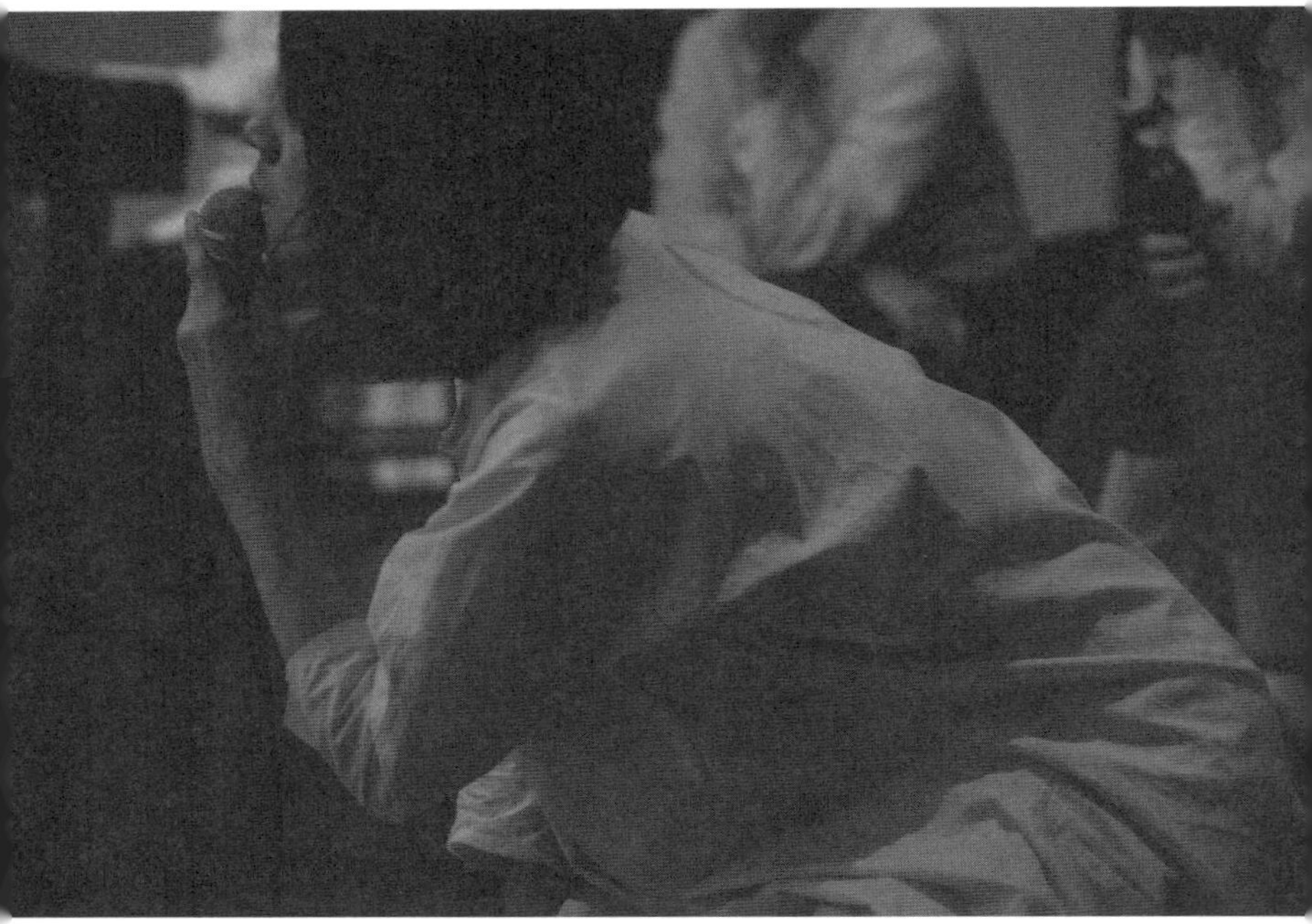

performance with kotringo

カイツブリがはこぶもの
19th June, 2015　キチム
photography by Ryo Mitamura

あのひとやあなたのことをとっても心ちかくに愛おしく感じているのは、ぼく自身なのか、ぼくの生まれる前からの内なるものなのか。それらはもはや、合わさって、一つとなって、ぼくという感性をかたちづくっています。

ひとつ心配なのは、その愛おしいはずのどこに居ても、とてもさみしいと感じてしまうことです。おうちとなりうるあらゆる愛おしきものたちは、ぼくをひとりにさせもするのです。

わたしが飛んでいるここからは、目の前に自由と希望が広がりゆくさまを、はっきりと知覚することができます。とくに穏やかでうららかなお昼間には。遠くには、いつも、ふるさとを感じています。行き交う人びととの出会いは可能性に満ちています。

ぼくをかたちづくっているすべての故郷が、ぼくをここへと押し上げたのです。

三十数年にもおよぶ、ながいれきしあってのことです。
ぼくもあなたも、だれかをこうそくすることなどできません。
たったひとつ希望に満ちてできることは、
押し上げあう
そのことだけである気がしてなりません。

二〇一五年三月二十八日　吉日

ほんとの日曜日

十代の自分自身と向き合うというワークショップ（シラスアキコ企画）のなかで、サリンジャーの「ライ麦畑でつかまえて」を英語と日本語の両方で朗読。最後に、参加者とともに、十代の自分へ手紙を書く。

きみを見つめている

あの頃に、深くて大きな影を落とした
その影は、その後十年の僕の人生を引きずり続けた、どうしようもないほどに。
同時に、その影は、その衝撃ゆえに、
ある時、ある瞬間に、光を放つものに変容していった。
生まれてきたことが、生きていることが、
屈辱を受けているかのようであり、祝福を受けているかのようでもあった。

true sunday

僕は今、この三十四年間に、浄化の水をかける。
浄化の水をかけて、クリーニングする。
そして今、この画用紙は、驚くほどにピュアな、真っ白色になった
そして今、この画用紙は、驚くほどにピュアな、真っ白色になった

以前は、深くて大きな影を落としていた、真っ白色

ほんとの日曜日
6th July, 2015　三田商店
23rd August, 2015　美肌室ソラ
photography by keiko kurita

Lumière

何倍にも広がってゆく、化学反応を見た。写真家、デザイナー、スタイリスト、ヘアメイク、モデル、それぞれがお互いの仕事を信頼し、それぞれの役目を全うする。職人としての確かな技術。言葉なしでも通じ合えるような感性。撮影はスムーズで、作品の可能性は何倍にも広がっていった。ショートムービー、ルックブック、ショー、Jun Okamoto 2015-16 AW「Lumière」における一連の仕事は、大船に乗せられたかのようだった。

忘れ難いのは、ショートムービーに haruka nakamura の「光」という楽曲が乗せられたことだった。「光」は、自分を浄化するように、今まで何度も聞いてきた曲。僕がリクエストしたわけではなく、そうなった。新旧の仲間たちが、作品のなかの目に見えないところで、大きな輪をつくって響き合っていた。そんな光の風景を見た。

pp.113-115
JUN OKAMOTO 2015-16 AW "Lumière"
photography by Masako Nakagawa

マーマーマガジン

マーマーマガジンフォーメン（男性版）創刊号の撮影日。

撮影現場では、服部みれいさんの手作りの玄米おにぎり、生産者の顔が見える無農薬栽培の苺《いちご》、スコーン、ジャム、そして温かいお茶が振舞われている。傍らには、ピープルツリーのチョコレートも。お祭りにお呼ばれしたかのよう。それら一つ一つの意味を噛みしめるように、確かめるように、大事にいただく。縁起がいいとか、おめでたいとか、そんな言葉で形容できる至福感。身体が「もっと、もっと」と声をあげるように、玄米おにぎりを欲する。たとえば、採りたての野菜を食すると、全身の細胞が喜んで生き生きと動き出し、心身は蘇生し始める。その感覚に限りなく近い。アーユルヴェーダでいうところのオージャスが増えていく感じ。

服部みれいさんが服部みれいさんであることに勇気づけられている。目の前に、新しい時代を、望むように生きる人びとの姿がある。

泥土の火の子

山が鳴り太古の息吹が響く春
出土する原始の声に目が覚める
森に浸る高鳴る音色の歓喜の静寂

泥土から清然と出流火の子のよう
重なる野生の美しき烈々たる夏の思ひ
森に割れる高鳴る音色の歓喜の静寂

「嗚呼、そのようにしておくれ、
おまえが思う姿を呼吸しておくれ」

前田 征紀

34

「かぐれ」に到着した
あたらしい服たち

Photographer : Hideaki Hamada

35

murmur magazine for men 創刊号（エムエム・ブックス）
photography by Hideaki Hamada

俳優という仕事

イギリスでの留学を終えて、東京にやって来たのは、俳優という仕事をするためだった。意気揚々と帰国したはいいものの、ものの数分のオーディションで取捨選択されていく日々に、納得がいかずにいた。業界の現実を受け入れることができず、ますます反発心は強くなっていった。今なら、はっきりと言える。ものの数分のオーディションで、その人の人間性、演者としての可能性は十分に見える。当時の僕が未熟だっただけだ。そして、「現実」なら、どの世界の、どの分野にもある。それを完全に否定してしまえば、自分自身で自らを社会から切り離してしまうことになる。先日、八年ぶりに、俳優の仕事のオーディションに行った。

僕たちは、現れた瞬間に勝負が決まるような、厳しい世界に立っている。

舞台「sea, she, see」
5th-8th September, 2015　原宿 VACANT
photography by 藤原宏（pygmycompany）

色のすること、音のすること、声のすること

美術作家・植田志保さんの絵をはじめて見た時、僕もこの風景に近いものをよく知っていると思った。彼女の絵画的な表現は、ご自身の故郷の原風景から溢れてきているものなのだろうと感じた時、おそらく植田さんも日本のどこかの田舎の大自然に囲まれて育ってきたのだろうと直観した。自然とかおじいちゃんおばあちゃんへの思いの寄せ方とか、その慈しみ方とか、そこにある情景のことを、とてもよく分かる気がしたのだ。

聞くと、兵庫県の深いお山のなかにご実家があるらしい。田舎で呼吸をして育ってきた僕たちは、ライブパフォーマンスとして色や音や声や身体で、本気で遊んだ。

exhibition 神歌×植田志保×UMU / 田中真由美
2nd April, 2016　rizm
photography by Kohei Yamamoto

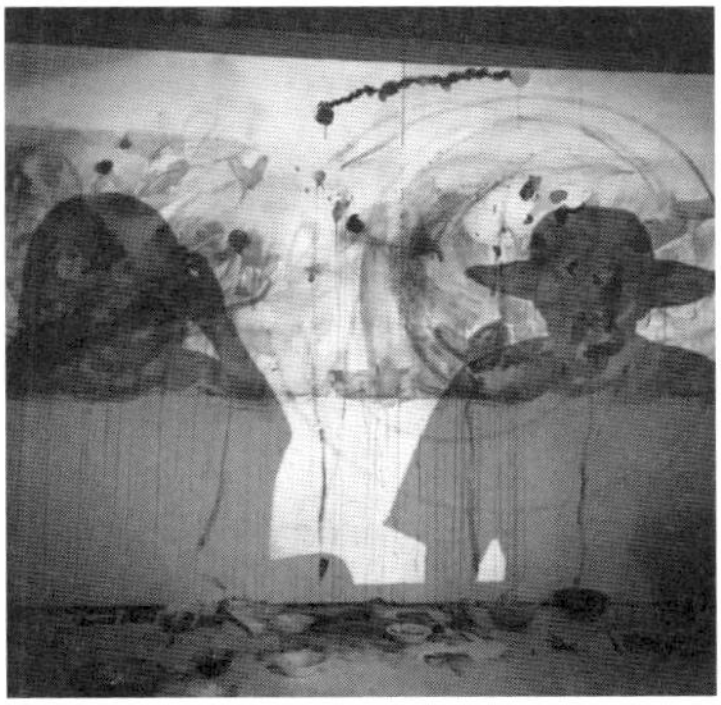

色のすること、音のすること、声のすること
5th August, 2015　CASE gallery

ヒトとキとキと

世田谷美術館

tokyo blue weepsとしての創作においては、弟・小木戸寛と二人三脚で走ってきた。多くの場合、彼がピアノで曲を書き、そこに僕が詩をのせて、歌ってゆく。世田谷美術館「竹中工務店 ４００年の夢 ──時をきざむ建築の文化史──」展へ提供した新作も、やはりこのやり方で生まれてきたものだ。

制作中の二〇一六年四月、熊本地震が発生した。最後の声入れをしたのは、その直後だ。竹中工務店、コトリフィルムの島田大介、佐渡恵理両監督、そして弟のピアノ旋律から受け取ったインスピレーションは、のちにヒトへと進化してゆく生命が、まだ海中にいた頃の呼吸運動だ。歌声では、それを表現した。作品が産み落されるまさにその時、現実の世界では、またしても大地が激しく揺れていた。

レコーディング中、鮮明なビジョンが現れた。細胞あるいはアメーバのような自分が、海のような母体のような空間を浮遊している。そこは、命が旅立ち、また誕生する、悠久の故郷の記憶を見せてくれた。偉大なる苦しみと神秘とともに、呼吸運動は生まれた。

この展示を記念したダンスパフォーマンス「ヒトとキとキと」では、ダンサー・森山開次さんがtokyo blue weepsの楽曲とともに踊る。僕たちが音楽で表現したもの。その音楽的言語が、森山開次という感性と肉体に出会って、ダンスとして生まれ変わって現れていた。歌を一つの物語とすると、その音楽のなかの世界から、一人の人間あるいは一匹の動物がひょっこりと姿を現したかのようだった。同時に彼は、その歌という物語を超えた、音楽の作者である僕たちの想像をも遥かに超えた別世界の景色も見せてくれた。それはまさしく森山開次独自の世界だった。tokyo blue weeps独自の世界と森山開次独自の世界。独自とは本来、そのものだけで際立って成り立っているものを意味するけれど、その「独自同士」が融合して、独自の世界では見えなかった新たな景色が開ける「融和という表現」の世界が生まれ得ることを、ダンスパフォーマンス「ヒトとキとキと」の機会は教えてくれた。

ヒトとキとキと
世田谷美術館・クヌギの広場にて（上）
photography by Daisuke Shimada
世田谷美術館・1階展示室にて（下）
photography by Eri Sawatari

創作とアートワーク

tokyo blue weeps

tokyo blue weepsの楽曲の源泉は、僕のなかにあると思う。メロディーの源泉は、弟のピアノ旋律にある。そして、楽曲制作は、仲間たちの感性や技術に支えられて成り立っている。あらゆる楽曲は、彼らの後押しがあってこそ、生まれてきたものだ。特段の音楽教育も受けていない僕が、イメージとしてあるものを、音楽として形象化してゆく過程には、何十倍もの時間と試行錯誤を要したと思う。膨大な月日とともに、忍耐をもってともに創作にあたってくれた演奏者の安永寛子さん、藤井保文さん、志村和音さん、ＫＡＫＵＥＩさんに、深い感謝の気持ちをお伝えしたい。

加えて、インディーズバンドの活動は、プロモーションビデオの制作やアルバムのデザインなどにおけるアートワークを支えてくれるアーティストたちの存在があってこそ成り立ったものだ。写真家、デザイナー、ディレクターとして仕事をしている仲間たち。音楽活動を始めてすぐの、まだ音源も何もなかった時代に、いち早くバンドに連絡をくれたのが、写真家でありファッションデザイナーである鳥井信徳さんだった。僕たちのライブを撮影したいとの申し出をいただき、それ以来、毎回のようにライブに駆けつけてくれて、親交が深まった。彼はライブ写真だけでなく、アルバムや宣伝物のデザインからミュージックビデオの制作に至るまで、バンドの多くのアートワークを手掛けてくれた。はっきりとした未来も見えないなかで、歯を食いしばるようにひたすらライブ活動を頑張っていたあの頃、鳥井さんのような、自分たちのことを認めてくれて本気で応援してくれる人に出会っていなかったら、音楽活動は続けてこられなかったと思う。

また、長年アイスランドを撮り続けている写真家・keiko kuritaさんには、ライブやレコーディングのドキュメント写真を、ディレクターの菅井亜希子さんには、数本のミュージックビデオを監督していただいた。

バンドの運営も含めて、僕たちは心ある家族のように近い存在の人たちの力添えを受けて、創作活動を行ってきた。公私ともに僕たちを支えてくれた皆さまに、心よりお礼を申し上げる。

最後に、僕たちの音楽活動を大いに励ましてくれた存在として、日本の孤高のインディペンデントバンドについて特記しておく。

マスコミには姿を現さず、運営から作品制作に至るまでの一切を自らの手で行い、独自の質の高い音楽を発信し続け、世界各国のレーベルと契約し、海外ツアーも行い、国内ではフジロックフェスティバルに代表される大型ステージに立つ。若い時分から、音楽業界とはまたすこし違うところで、音楽を奏で続けてきて、その生き方そのものが

「音楽性」となっているような先輩たちがいる。音楽とは別に生業を持ち、音楽では大手を凌ぐほどのパフォーマンスで、観客につよいメッセージを残す。この国のある世代のある人たちの行き場のなかった「声」が聞こえてくる。

僕たちは、envyとtoeというバンドに縁があった。envyのライブを見て、号泣した。自分のなかの長年行き場のなかった気持ちが、代弁されているかのようで、泣きながら絶叫していた。そのギターの激しくて美しい音色は、泣き声にも怒号にも聞こえた。この先輩たちは僕に、現実の世界を生きながら、力強くバンド活動をする姿を見せてくれた。僕たちのファーストアルバム「incarnations」とセカンドアルバム「what happened in yesterday」のレコーディングエンジニアは、toeの美濃隆章さんだ。envyの先輩たちが繋げてくれた出会いだった。

僕たちtokyo blue weepsの今までの音楽は、こうした背景のもとに、生まれてきたものであるとも言える。

photography by Nobunori Torii

対談

服部みれい

Mirei Hattori, editor

都会から自然のなかへ

小木戸　美濃でご自身の作品作りに集中されているとうかがいましたが……。

服部　前々から詩を書いたり、エッセイを執筆したりするときに、美濃の実家に帰って行うことがありました。田舎で書いたほうがよく集中できたのですね。最初は美濃と東京半々の生活にしようかと思っていましたが、結局、会社ごとすべて美濃に移転することにしました。

たとえば、音という点でも静かですが、実際に暮らしはじめてみて、電磁波が都会ほどは飛んでいないのでは？と感じるようにもなって。人口自体も少ないのですが、都会に比べてパソコンを使っている人の数が圧倒的に少ない感じがします。

小木戸　東京で生活していて、パソコンに向かっている時間が多くなりすぎるとやはり身体に負担がかかっているのが分かります。

僕は東京では毎朝ヨガをして心身を調整するところから一日を始めるのですが、パソコンや携帯をよく使った日には、夜になると電磁波を受けすぎてしまったなと感じます。

服部　わたしはもともと身体がそれほど強くなかったため、冷えとり健康法といったセルフケア法を使って自分を積極的にケアする必要がありました。でも、こうして山や川のある環境で暮らしてみて、都会暮らしだったことも含めて自分には積極的なケアが必要だったんだな、と。東京にいるときは、ハーブティーをたっぷり飲んで、できるだけオーガニックのものを食べて、という生活をある時期から送っていたのです。でも、田舎に来てみたらハーブティーをそれほどたくさんは欲さなくなってしまった。空気や水といったベースの環境がいいと、必要以上に「自然」を求めなくてもよくなったのかなと思っています。きっと都会にいるときは、ハーブティーやオーガニックの食材で、「自然」を補っていたんですね。こちらに来て、空気や水がいいと生きていること自体が楽になるんだってわかりました。

でも、東京もすごく好きな街なんです。たくさんの人々の意識が立ち上がっていて、各自の生きる目的がはっきりしている。その強さには力をもらえますよね。活気があって。都会では、人のパワーこそが「自然」というか。

小木戸　今は身体が冷えないですか？

服部　そうですね。人の身体というのはどんな時も、頭と下半身とでは温度差があって、冷えとりではそれを「冷え」と呼びます。だから、基本的にはどこにいても「冷え」はあるとは思いますが……。ただ、都会と田舎とでは、身体のゆるみかたが違う気がします。特に、畑に行くと身体がすごくゆるむのがわかります。土の力はすごいですよ！　土と共に生きている方々はふだんこんなに「ゆるむ」生活をしていたのかと、カルチャーショックを受けました。もちろん、「頭」に血がのぼらないぶん、都会で忙しく生活していた頃に比べて、身体もこころも冷えなくはなっていると思います。

小木戸　暮らしのなかで、自然に、ゆるむっていいですね。

「マーマーマガジン」の事務所を美濃に移すという決断は、何が決め手になったのでしょう？

服部　いろいろな理由があります。いちばん直接的には、東日本大震災の影響があります。震災後、こう、どう生きていいのかわからなくなってしまったんですよね。何をやっても、もやもやしてしまって……。自然派の雑誌をつくることに対してさえ、もやもやしてしまった。そうしたら、たまたま実家の父が中島正さんの『都市を滅ぼせ』という本を読んでいて、私も読んでみたんです。その本には、「都市化が都市の人々を滅ぼす」とあって、「ああ、これだ」と。この本によって、もやもやしていた理由がわかったんです。「私もこの『都市』や『都市的なシステム』をつくることに加担している。このこと自体にもやもやしているんだ」と。衝撃を受けました。それで徐々に、自然と共にある暮らしに移行していこうということに思い至って。いきなり自給自足の生活を！ということではなくて、まずは、土の近くに暮らすことから少しずつはじめよう、と。

自分の編集する「マーマーマガジン」で「自然と共に暮らそう」とさんざん訴えながら、自分たちがそうでない生活をしているのは違うかもしれない。言うこととやることを一緒にしようと思ったわけです。

実家のある美濃は自然の豊かな場所でしたから、そこへ戻っていこうと思うのは自然なことでした。

小木戸　「マーマーマガジン」でモデルの仕事をさせていただきましたが、現場でみれいさんが手づくりのおにぎりを出してくださいました。また、雑誌が応援している農家さんが作っているジャムなども置いてありました。

そのあと編集部を訪ねた時には、スタッフの方が湯たんぽを使っていたり、やかんの蓋を開けて白湯を沸かしていたりと、マーマーマガジンが発信していることを、実際にみれいさんやスタッフさんご自身が日常のなかで実践されているのを目の当たりにして、心動かされました。

服部　わあ、それはよかった。影響を受けたことではもう一つ、愛媛にある「福岡自然農園」の存在があります。震災後、もやもやしていた時期に、自然農法の福岡正信さんのお孫さんである大樹さんとその農園を取材させていただいたんです。福岡正信さんは、『自然農法 わら一本の革命』という著書で世界的に知られる方です。自然農法とは、農薬を使わないどころか、肥料を使わない、耕やすこともしないという農法のこと。有機農法もすばらしいのですが、自然農法は、さらに人間のコントロールを手放し、自然の力を活かして行う。それが現実に可能であるということを知り、とても感動しました。

小木戸 自然を活かす農法とは、具体的にはどのような農法でしょう?

服部 肥料や農薬をやるというのは、人間が収量を増やしたり、安定的に収穫したりするために行うことですよね。一方で、肥料をやらない、農薬をやらない、耕さない、草も基本は生えっぱなしで草ぼうぼう……その中に、たとえば、ほうれん草が生えている。それが、すごく美味しいんです。自然農法の畑を見たとき、これが自分のしたいことだと思いました。まっすぐではない畝《うね》とか。種も、ばら撒きです。みかん畑の中に無造作に大根が植えられていたり。それが本当にユニークでうつくしいと感じたんです。現代という時代の中で自然農法を行うには土づくりなどそれなりの専門的な技術や知恵が必要です。ただそうして自然が本来の自然に戻りさえすれば、自然自体は本来完璧で、そこからいのちをいただきながら、人間は暮らしていくことができる。もちろん自然と人間はある側面では対峙せざるをえない部分もあると思います。でも、自然農法には共存するヒントがある。そしてそのことこそが自然も人間もサステナブルに生きぬくためのすばらしい方法の一つなのではないかな、と。

自分の役割

小木戸　みれいさんを見ていますと、自分に素直な生き方をして、その道のうえに自分の役割を見つけられて、その役割を果たされているという印象を受けます。ご自身の方向性を見出されたのにはどのような経緯があったのでしょうか。

服部　詳しい経緯というと曖昧なのですが……私は最初、育児雑誌の編集者をしていました。編集という仕事がまず大好きで、特に、その中でも漠然とですが、まったく違う世界のもの同士を、本という存在を通して統合させたいというような思いがあった気がします。

たとえば今から約二十五年前、オーガニックの世界に、デザインのよいものはまだたくさんはありませんでした。一方、ファッションの世界はすてきだったけれど、物質的な世界に偏り過ぎていて、ストーリーがあまりなく、素材など自然への共感度が高いものはほとんどなかった。目に見える世界と目に見えない世界。この両者を繋げたいという関心は二十代のうちからあって、そのために、虎視眈々と少しずつ準備をしていました。いつか編集長になろう、自分の表現したいものを表現したい時に充分に表現できるようになるまで力を蓄えておこう。そういう気持ちだけは、仕事をはじめた二十代当初からありました。当初はまだまだバッターボックスに立てるバッターではなかったから、ひたすら素振りをしていたという感じ。何年で何を成し遂げるという具体的な計画もなく、しかも何度も挫折し挫けました。三十代の初めには一度結婚もしているんです。短い期間でうまくいかなくなってしまい、自分を責めましたし、仕事の環境も変えざるをえなくなって……と、いろいろな人生の岐路がありました。でも少しずつ少しずつ、失敗しながらですけれど、二十代で考えていたことが、不思議な流れで三十代半ば過ぎから具現化されていったのです。トライ、トライ、エラー、エラー、エラー、で気づく、といった感じではありましたが。

小木戸　みれいさんはご著書の中で、「本来の自分に戻っていく」という言い方をされていますが、自分の命が生き生きとする生き方のうえに、職業を見つけられていて、理想的に見えます。

服部　ありがとうございます。実際、今、おかげさまで自分の中には葛藤というものがほとんどない状態かもしれません。AだけどBだな、BだけどCだな、というようなことはほとんどないんです。「お茶を飲みたいのに飲んでない」とか、「痩せたいけど食べたい」とか、そう言った二律背反がない状態です。

ただ、最初からそうだったわけではもちろんなくて、冷えとり健康法やアーユルヴェーダの瞑想法など、世界各国の古《いにしえ》の知恵に助けられているうちに、おのずと葛藤が手離され、願望即成就、思ったら思った瞬間になっている、林檎が食べたいと思ったら林檎が手に乗っている、という世界に少しずつ近づいていった気がします。もちろん、何もかも願望即成就となっているわけではまだまだありませんが。

でも人間って、本来そういった世界の住人なのではないかと思っているんです。今までの時代は、ちょっと葛藤を楽しんでみようかなと思っていたけれど、これから急速に、葛藤のない、あたらしい時代へと進んでいくんじゃないかと。

小木戸　その境地に至るまでには、長年の葛藤や自分自身の浄化期間のようなものがあったということですね？

服部　もちろんです。今もその段階の途中ですし、これまでもたくさんの段階がありました。十代、二十代、三十代前半くらいまでの自分は本当にひどいものだったと思います。葛藤のかたまりみたいな感じ。その間に、いろいろな芸術と出合ったり、音楽を聴いたり、本を読んだりして……、そのおかげで編集者になれたとも言えるのですけれど。

そうして、三十代半ば過ぎからは、自分の中で自分自身のもつれた糸をほどいていきました。もつれている糸を、見つけてはほどき、見つけてはほどきしていった結果、ここに至っている。また自分自身がしてきた経験を本などを通して開示することで、読者の方々自身のもつれた糸をほぐすヒントになったらいいなとも思っています。

もっといったら、ある一定数の人の意識が解きほぐされた状態になったら、冷えとりで言えば冷えが取れた状態になったら、人間の身体から毒素が減った状態になれば、人と自然はつながっていますから、この地球環境自体もよくなるのではないかなと思っているんです。壮大な話ですけれど。でも、ひとりひとりの人間の小さな営みは、社会や自然ときっとつながっていると思うんですよね。社会を変革しようと思うならまず自分を変革する必要があある。マハトマ・ガンディーではないですが。

現在の私の状況は、もちろん私の力だけでなくて、たくさんの読者の方々やスタッフの力によるものです。読者の方々とは、本当に密に繋がっているという感覚があって……数年間続けていたメルマガでは、「潜在意識の泉ミーティング」なんて言っていたのですけど、読者のみなさんと潜在意識の深いところで繋がっているという手応えがありました。「マーマーマガジン」という媒体を通して、自然がもっと本来の姿に戻るといいなとか、人がその人自身らしくあるといいなとか、同じように考える人が一定数あって、静かにつながっている感じがします。

とにかく読者の方々のリテラシーや感度の高さはすごいです。大勢の方が、おのおのの知恵や健康法などで毒素が取れていくのを経験しています。またおもしろいのが、読者の方と、とてもインタラクティブな関係で、私自身がメルマガを通して読者の方に相談することもあったりすること。読者のみなさんは、とてもやさしくて私を励ましてくれたり、私がメルマガを休むと決めた時も逆に応援してくださったりとか、とても安心できる、すばらしい関係を築いているという実感があります。とても幸福な編集者ですし筆者だなと感じています。

記憶の浄化法ホ・オポノポノ

編者　仲違いや批判がでてくることはありませんでしたか？

服部　全体としては、おかげさまで、すごく少なかったんです。ただ、マーマーマガジンを始めた当初は、ごくたまにですが、ブログにネガティブなコメントをする方がいたりはしました。そのときはクリーニングをしました。ホ・オポノポノのクリーニング。今では本当にそういう方はいなくなりました。

ホ・オポノポノとは、ハワイに伝わる問題解決法で、「マーマーマガジン」の読者の方にもとても人気のあるユニークな知恵です。ハワイの州宝ともなったモーナ・ナラマク・シメオナという女性が、古代から伝わる人間の浄化法を現代にアレンジしたそうです。それをイハレアカラ・ヒューレン博士という方が、数年前から世界中に広めていきました。

クリーニングツールには、「ありがとう、ごめんなさい、愛しています、許してください」

という4つの言葉をはじめ、おもしろい方法がたくさんあります。いま見ている現実を、「自分が見ている記憶」として、その「記憶」を消去していきます。ホ・オポノポノの考えでは、目の前で起こることは記憶の再生なのです。それが何の記憶かはともかく……自分の先祖の記憶かもしれないし、この人類全体の記憶であるかもしれないのですが……いつ、誰の記憶かということは重要でなくて、ただ淡々と起こることすべてを記憶の再生として、クリーニングしていく。そうして「問題」と思っていたことを解決していくわけです。

たとえば、公共の場で大きな声で何か叫んでいる人物がいたとします。その時、「おかしな人がいる」とその人を責めるのではなく、「私の中の記憶がこの状況を見せている」と捉えて、私の中の記憶のほうをクリーニングするんです。そうして記憶が「ゼロ」になった時に、その場で想像以上の必然が起こる——。

私はこの考え方に強く影響を受けて、「物事というのは100%自分の責任だ」と思うようになりました。そうしていくうちに、自分自身も大きく変化していったのです。

小木戸　僕にとっても、ホ・オポノポノの存在は大きいです。表現者として自分自身の核心とつながろうとする毎日のなかで、その核心に触れるために、自分自身を透明な状態にしていく必要がありました。そこでホ・オポノポノとともに歩んできたのです。でも、うまく解決していくことと未解決のまま残ることがあって、すべてがきれいにいかなかったりはするのですけど。

服部　私も同じです。クリーニングしてもクリーニングしても記憶は立ち上がってきます。きりがありません。いずれ、もし生きているうちに自分が常にゼロの境地に立つことができて、何を見てもそこに無を見出して、無の境地で死ねたら、それはすごいことだと思います！　いずれにしても、ホ・オポノポノを知ることは、そうした体験へ少しずつ近づく、とてもユニークですばらしい入口ではないかなと考えています。

小木戸　ヨガやホ・オポノポノを話題にすると、スピリチュアルな話に収斂してしまいそうですが、僕にとっては、日々の生活の中でとても現実的で有効なものです。自分の心の声を聞くとか、潜在意識に触れるとか、自分自身の命の本意に出会っていくためには、第一に、これまでの人生で背負ってきてしまった重荷を降ろし、心に染みついたしつこい汚れを洗い流し、カルマのようなものを解消していく必要があると感じてきました。

服部　人が表現するとは、「私が私を私する」ということのみだと思うんです。いかなる表現活動であろうとも、私、というものが表出するだけだ、と。だから、私の状態がとても大切なのですよね。

あと私自身の中では、「ここからは精神世界でここからは精神世界でない」みたいな垣根はありません。精神世界的かどうかは、重要ではないのです。おもしろいものはおもしろいし、好きなものは好きだというような感じです。

それよりも、人は何をもって美を感じるのか。何をもってこころを揺さぶられるのか。私は、人間に眠る神性、神を感じた時に、美というものとつながるのではないかと思っていて、そのことに本当にこころ惹かれます。

小木戸さんのパフォーマンスを見て心が動いたとか、見る前と見た後でなにかこころの変化が起きたとか……、ことばにしてしまうと陳腐ですけど、きれいなものを見て感動するのも、うれしくてワクワクするのも、すべて神と、または神的なエネルギーと交流しているからなのではないでしょうか？

神といっても特定の宗教の神ではなくて、大いなる存在、自然、みたいなものです。誰の魂にも宿っていて、昔はもっとふだんからあたり前にそういった存在に触れる生活をしていたはずなんです。ところがある時期から、神といえば宗教、そういう話をするとオカルトとかトンデモと思われるようになってしまいました。人間のなかにある神性は置き去りになってしまい、目に見えない世界のことを話すと、時に「スピリチュアルだ」とか「オカルトだ」と言われて敬遠されるようになってしまった。

でも神さま不在の歴史はそれほど長くなくて、神に触れていた時期の方が圧倒的に長かったはずです。宗教かどうかということから離れて、神や神性の世界に浸っているととても楽しいし、これから先の時代は、それをもっと正直に感じたり表現できたりする時代になると思っています。そもそも美というものの本質が、そういう存在だからです。どんな人の中にもうつくしいものに惹かれ、感動する感性がある。それは自分の中に眠る神性と響き合っているからだと理解しています。エゴ的なものではなくて。

エゴ的な表現がおもしろい時代もあったのかもしれません。それはそれで必要な時代だったんだと思います。でも今は、もっと本質的な神性につながる美を感じたいと素直に思う人が増えている気がします。

小木戸　僕は先日まで、まさに「exhibition 神歌」と題して、パフォーマンス公演をやっていましたが、その名前をつけるのにはやはり葛藤がありました。その意味が宗教と結びついてほしくなかったからです。本来人それぞれのなかにある根源的な感覚を、今この時代にあえて、見つめるということがしたかったのです。生のパフォーマンスを通じて、そんな時間を観客とともに過ごしたかったのです。

服部　何年か前だったら「神とかいって、ちょっとそれ大丈夫？」というような声もあったかもしれません。でも今はもう大勢の人がわかる時代になったような気がします。イージーに神というわけではなくて、もっと本質的なものに惹かれるようになっているという意味合いで。

先ほどいった「私が私を私する」という言葉を教えてくれたある先生は、この世界の自然法則を教えてくれた方なのですが、その方が、よく仕事についてこんな風に話してくださったんです。「何の職業に就くかということは、実はどうでもよくて、それよりも、意識の拡大を目指すほうが先だ、と。意識が拡大した人が、たとえば焼き芋屋さんをはじめたら、その焼き芋屋さんには絶対に行列ができて繁盛するはずだよね」って。その焼き芋にはその人のエネルギーが含まれていて、それを食べるとおのずと食べた人がそのエネルギーに触れて解放されるわけですよね。ホ・オポノポノでたとえるならば、すごくクリーニングした人がクリーニングをして焼き芋を売ったら、その焼き芋を欲しい人は必ずいるんじゃないか、と。クリーニングをしていって、自分の神性に気づき、目覚めた人が表現するものに、人は神を感じて惹かれる。そうして自分自身の神と響かせ合う。ただそれだけのことなんだ、と。

パフォーマンスや音楽や舞なども、それ自体がホ・オポノポノのクリーニングのようなものので、その場所を浄化する役割があるものなのでしょうね。特にその土地土地の波動と呼応して生まれてくる芸術というのは、今、たくさんの人が求めているものの一つといえるかもしれません。

もちろん、いちいち、そういったことをあえて意識したり言わなくとも、美や表現の世界には、そうした目に見えないエネルギーがどんな時も潜んでいて、わたしたちを喜ばせ、楽しませているのだと思っています。本当に、この世界は、本来、とても甘美な世界なのかもしれません。

服部みれい（はっとり・みれい）
文筆家、「マーマーマガジン」編集長、詩人。育児雑誌の編集を経て、一九九八年フリーランスに。二〇〇八年春に、「マーマーマガジン」を創刊。著書に『わたしらしく働く！』『自由な自分になる本』『あたらしい自分になる本』他多数。
http://hattorimirei.com/

文学とパフォーマンス
太宰治「駈込み訴え」
30th April, 2016　綜合藝術茶房 喫茶茶会記
photography by Tomoko Kosugi

4 深層

Performing Arts

気がつけば、一人で舞台に立っている。いつからか、覚悟を決めたのだ。この心と身体だけで、いつでも、どこでも、すぐに自分の仕事を遂げられるようにする。心身を存分にゆるめて、身体が動かされてゆくほうへ、身を委ねていく。こうしようとか、こうしたいとか、なるべくそんな自分自身の意図から離れて、この心と身体が蠢き、揺れ動き、振動し、奥底から突き動かされてゆくほうへ。内なる声に耳を傾けて、今まさに姿を現しつつある本来の身体とともに舞うことにしよう。

negau
12th-14th February, 2016　3331 Arts Chiyoda
photography(pp.149-151) ©jacob adler

exhibition 神歌

――いつからか、どこからか、歌が溢れてきていた。それは、僕自身の歌ではなく、自然の調べや、往時に人びとが響かせていた歌のように思えてならなかった。

二〇一六年二月十九日（アフタートーク「芸術が心の深層に触れるとき」・稲葉俊郎／東大病院 医師）

ギャラリーでのパフォーマンスは、劇場と異なり、観客との距離が近い。それゆえ、観客とともにその場を作り上げていく感覚もつよい。入場できる人数も限られている。観客と、きわめて濃密な時間を過ごすことができるとも言える。

身体や医療や芸術に関心のある人、それらを勉強している人、それらに従事している人、それから、心と身体の不具合のために切実にその改善方法を探している人。exhibition 神歌のパフォーマンス会場にいるお客さんにはそれぞれに「向かうところ」があるのを感じる。

ギャラリーの収容人数は上限で三十人ほどにすぎない。パフォーマンスもトークショウも、目の前のお客さんと対話するようにして形づくられてゆく。この規模と距離感だからこそ生まれうる観客との親密性がある。観客は目の前で起こるパフォーマンスと混ざり合うようにして、あるいはパフォーマンスに巻き込まれるようにして、無意識のうちに舞台づくりに参加している。演者と観客の双方が作り上げていく場となる。

今回のパフォーマンスの身体性には、二つの側面がある。一つ目は、自分自身の身体が何を望むのか。どのような動きを欲するのか。そして二つ目は、観客にどのように呼応していくのか、その土地や空間（会場）にどのように動かされていくのか、ということだ。

開演時間を迎えて、その場に立って、そこで受けるインスピレーションとともにパフォーマンスを始めると、身体は自らに不足している動作を求めるように、進んで動き始める。同時に観客を目の前にして、観客とその場に動かされるようにしてパフォーマンスが起こってゆく。

観客と向き合っていると、そのなかに、あきらかに重い空気を抱えているお客さんがいたりする。生きているのが大変そうな人、困難のなかにある人、それゆえに心身の調子がわるそうな人。そうした観客の存在と対峙するまさにその時に、自分の身体がどう動いてくるのか、歌がどう起こってくるのか。こうしたことがとても大事だ。本番の内容は、当日その場に立つまでほとんど決めていない。その時その場で受け取ったエネルギーに反応しながらパフォーマンスを生み出す。その意味で、今回のパフォーマンスは即興的であると言える。

――たった今、小木戸さんの舞を拝見しまして。僕のなかでは、その表現が、脳性麻痺の方の身体の動きとリンクしました。脳性麻痺の方のあの無意識の身体の動きは、自らの生命との調和をはかるうえで自ずと生じているものだと思うんです。身体が求めるようにして動いていく小木戸さんのパフォーマンスの身体性に、彼らの身体の在り方と通ずるものを感じました。

稲葉俊郎さん（東京大学医学部附属病院 循環器内科助教）との出会いから、命と芸術の関係を紐解く多くの手掛かりを得ている。パフォーマンスを終えた後に、心身が整った、心身が深く癒されたと感じることがよくある。僕は動かされていくほうへ、身を委ねてゆく。身体は欲するままに求めるままに動き始める。それではなぜ僕の身体はある動作を欲するのだろう。稽古とパフォーマンス本番の毎日のなかで身体が実感をともなって気づきはじめていたことが、稲葉さんの言葉と結びつく。

自ずと起こってくる動作は、僕の命そのものが心と身体の調和をはかるために必要としている動きなのではないだろうか。パフォーマンスを行った後に心身の状態が整っているのは、その根源的、有機的な命の営みが、滞りなく遂行されたことによるものなのかもしれない。内なる声の望むままに息ができたということかもしれない。自分の心と

exhibition 神歌
鹿児島会場 NEW ALTERNATIVE
26th-27th February, 2016

身体と向き合う日々のなかで、僕は無意識というものや、潜在意識というものがどのようなものなのかを探している。そして、それらに大きく近づこうとしている。

稲葉俊郎さんは、古代ギリシャの聖地・エピダウロスを例に挙げながら、医療と芸術は本来一体となって働きうるものではないかと話される。エピダウロスには、かの有名な円形劇場と温泉浴場の跡がある。心と身体に不調を抱えている人々は、温泉に入って、十分に心と身体をゆるめたあとで、劇場で演劇を観る。優れた芸術という美に触れることによって、深層意識状態へと導かれ、最も自然治癒力が働く状態となる。その後、眠りの場所である神殿へ行き、そこで示唆に富んだ夢を見る。稲葉さんはこのエピダウロスの地を、総合的な医療を行い、医療や芸術が融合していた名残の地であるとし、古代では人の健康や生命にたいして、現代医療のように部分的ではなく、総合的にアプローチしていたのではないかと考えている。また、エピダウロスは現在、遺跡となっているが、日本では神社や神楽、能の世界において、今も古代の様式が残っていて、稀有な文化を持つ国だと説かれている。

確かに、美というものに触れると、心身が整う。たとえば、自然という大いなる美に触れる時、日本特有の庭園や盆栽という閑寂の美に触れる時、出雲大社、伊勢神宮、明治神宮などに代表される大社の圧倒的な建築、様式、精神の美に触れる時、自然と人間の営みの調和から紡がれる伝統工芸の美に触れる時、また舞台芸術や伝統芸能において演者や音楽や美術的空間を通して立ち現れる幽玄的な美に触れる時、心と身体はそれらに呼応するようにみるみる整ってゆく。ただその美しきものを見ているだけで、心身が調和の方向へ向かう。日本という国は、暮らしのなかに美を配置するということに長けた国なのではないだろうか。

――競争原理の社会のなかで、むしろ僕は協力原理の社会に生きていきたいと思っています。石とか、花とか、木々とか、虫とか、それぞれに形も在り方も違ってユニークです。そこに、どちらがいいとかわるいとか、優れているとか劣っているとかはありません。これ、いいなぁ。これも、いいなぁ。あれも、すごいですね。僕が見つめているのは、そんな世界です。

音楽、映画、演劇、パフォーマンス。僕がいる世界では、自分が取捨選択されていると感じることが少なからずある。オーディションでは、はっきりと結果が出る。そのような場では、自分に何が足りないのだろうとか、何がいけないのだろうとか、劣等感のようなものを感じるところに陥りがちだ。そうした時に、稲葉さんの言葉は光輝く。僕が目指しているのは、人と比べて抜きん出ることではない。自らの命の響きにひたすら素直になって、自分自身になってゆくことだ。他の誰でもないたった一人の自分として突き抜けることなのだ。それが英語でいう「unique= ユニーク」の本来の意味にあたると思う。

photography by Hisakazu Maenaka

photography by Kohei Yamamoto

5 結合

この広い世界で

十年ほど、音楽から身体表現に至るまで、表現と自分なりの作家性や芸術性を追求し続けてきた。自分自身の直感とインスピレーションに素直に、やることをふりきれるようにやってきた。そこには常に、自分とは何であるのかという自問自答があった。気がつけば、その自分が自分であろうとする旅は極まって、終わりを迎えていた。自分を、自分自身の真ん中に獲得していた。

ここから先の僕の人生は、心を大きく開いて、社会や世界そのものを認めて、表現と世の中との社会的な接点を見つけていく必要がある。それなくしては、僕の人生は本当に豊かなものにはなっていかない。

今僕は、満を持して、この広い世界へ出て行こう。社会そのものを受け止めきれず、社会に背を向けていた自分がいたのだとしたら、この先の未来では、この広い世界の真ん中に誇り高く立ってゆくことにしよう。批判をする方法ではなく、ひたすら希望と確信の言葉を響かせて進んでゆこう。

「類は友を呼ぶ」とか「出会う人は自分の写し鏡である」とか言われるように、目の

「UOMO」GUCCI 特集 広告

前の現実も、自分の心や意識をそのままに表わしているものなのだろう。

自分の意識が大きく変わったことで、現実も劇的に変わる。自分の心の在り方が、そのまま自分の物事の見方となって、社会のことも、世界のことも、自分自身のことも、すべてを決めていく。


瀬々敬久監督映画「菊とギロチン」にて思想家・大杉栄を演じた。これまでの十年の始まりに若松孝二監督との出会いがあったとしたら、これからの十年の始まりに瀬々敬久監督との仕事があったように思う。

オーディション、役づくりのための勉強期間、撮影に至るまでの一連の時間と経験は、僕のこの先の十年の在り方について、多くの示唆を与えてくれた。

まず、大杉栄という役が与えられたことに、自分が年を重ねてきたことを実感した。若松監督と出会ったのが、二十五歳の時。二〇一七年一月現在、僕は三十五歳になっている。若者から大人へ。この十年のあらゆる経験なしには、絶対にこの役との巡り合わせはなかった。そう思うことで、この十年間が報われたように感じ、新たな自信に繋がった。

振り返れば、二十代前半に「MOTHER 君わらひたまふことなかれ」というマキノノゾミさんの戯曲に出会ったことがその伏線にあった。物語には、与謝野鉄幹・晶子夫妻、石川啄木、北原白秋、平野萬里、佐藤春夫、管野須賀子、平塚らいてう、大杉栄などが登場する。世界大戦へとひた走る政府の弾圧は日に日に強まり、自由に詩《うた》を詠うことや思想的な執筆活動を行うことが命がけであった時代。大正という時代を生きた歌人や思想家たちの時代との向き合い方、一途な生き様に、胸を打たれた。いつか僕も彼らの役をやれるような役者になりたい。そうつよく思ったことを記憶している。

しかし事はすぐには起こらなかった。あれからいくつもの歳月が流れて、いくつもの山々を越えねばならなかった。辛く苦しい日々が続いた。その末に、時が満ちるようにして、機会に恵まれた。

十年ぶりの映画出演。台本を開くと共演者のなかに、十年前に若松監督の映画で共にあさま山荘に立て籠もった井浦新さん、大西信満さんの名前がある。これには何か人生の大きな流れ、巡り合わせのようなものを感じずにはいられなかった。

瀬戸内寂聴『美は乱調にあり』『階調は偽りなり』、大杉栄『自叙伝』『日本脱出記』『大杉榮追想』などを読んで、ふとした時に、その登場人物たちの当時の心境がそのままに自分のなかに芽生えてくるような感覚を覚える。瀬戸内寂聴さんは作家という立場から、以下のようなことを書かれている。

──伝記的な作品を連載中には、必ずといっていいほど、不思議に途中で、色々な資料が集ってくるものだ。私はその現象を、作中の故人たちの霊の意志が働いて、私に知らせてくれるのだというふうに、いつからか解釈している。

「声」が聞こえてくる。その声を注意深く聞きながら、自分の身体を通して実在した人物を体現できる可能性があるのだとしたら、俳優とはどれほど素晴らしい仕事だろう。ミヤギフトシさんとの対談でも話したように、人びとの知られざる物語が、声なき声が、作品を通して浮かび上がってくる。映画にも、そんな可能性に満ちている場がある。ある時は音楽や歌を通して、ある時は文学や美術を通して、ある時は映画やドラマを通して、「声」が現れてくる。表現者としての僕を突き動かすものの一つに、この「声」の存在がある。史実を基にした映画やドラマにつよく惹きつけられている。

──確か、長谷ばあちゃんが大正十年、三毛門ばあちゃんが十二年、長谷じいちゃんが九年生まれやと思う。

母が僕にそんなことを教えてくれた。

大杉栄が亡くなったその年に、僕の祖母が生まれていたことが分かって、映画のなか

瀬々敬久監督 映画「菊とギロチン」2018年夏公開
photography ©『菊とギロチン』合同製作舎

の人物たちのことがぐっと近くに感じられるようになった。人物に迫るための手掛かりの一つを、母の一言が与えてくれた。

パフォーマンスで舞台に立つ時の感覚と、被写体《モデル》として撮影に臨む時の感覚が、今ではほとんど同じものとなっている。前者が自分の作家性をもとに動いていくのだとしたら、後者はクライアントのオーダーをもとに動いていく。その違いはあるけれど、両者はどちらもパフォーマンスであり、どの現場でも自分として違和感なく仕事を行うことができる。

モデルの撮影の場もやはり舞台であると思う。必ずしもダイナミックな動きを伴わなくても、やはり身体は舞うかのごとく、その場で蠢き、働き、エネルギーは絶え間なく流れ続けている。

十代の頃にモデルの仕事をしていて「僕は人形じゃありません」と涙ながらに訴えた当時の自分と今の自分は何が違うのだろうか。それは、表現を通した長く険しい自分探しの果てに、今の僕がこの心と身体の真ん中に自分自身を獲得していることにあると思う。表現という場においては、どこにいても、揺るぎない自分を感じられる。それは心理的な意味での「自信」とは少し違うもので、「命としての自分自身の存在を尊ぶ」ということとともに得たもの。自分を置いてきぼりにしないとか、自分の内側の声を聞くとか、自分の潜在意識に触れるとか、自分自身に触れるとか、そうしたことの先にあったものだ。

自分を中心に、まるごとエネルギーを変えていく

最近、こんなことがよくある。道端で知人と出会《でくわ》しても、皆が僕を僕だと気づかずに通り過ぎていく。その時、僕は「よし」と思う。長かった髪が短くなっているとか、髭があるとかないとか、そんなことが関係あるのかもしれないが、本当の理由は、そうした表面上の変化ではなく、僕が全身のエネルギーをまるごと変えていることにあると思う。

——役づくりにおいて、憑依というのは、次元の低いものではないでしょうか。自分自身が乗っ取られると思います。調律＝チャネリングするというのは、より高次元のものではないかと思います。重いものを抱えている役も、軽々とやってのけて、どんどんと次へ進んでいってほしいものですね。

友人であり、恩師である人の言葉が響く。彼は僕の髪を切ってくれる人だけれど、髪をカットしてもらうというよりは、髪の毛というものを通して自分という核心に近づいていくヒントを与えられているという感じだ。彼と初めて会った日にこんな言葉を受け取った。——自分の両手の指で、普段見えていない自分の後頭部やその頭皮を、優しく丁寧に触れていってみてください。一日一回は、目をつぶって、穏やかな気持ちで——。

僕は実際にこれを行っていくなかで「自分では気づいていなかった自分自身」というものに出会っていく。それはまるでパフォーミングアーツのワークショップ体験のようだった。大袈裟なことではなく、後頭部の頭皮と対話するようにゆっくりと注意深く触れていくと、自分の後ろ頭はこのような形を成していたのかとか、隠れるようにしてこんなにも柔らかく繊細な部分があったのかとか、ここに大きな凝りがあるとか、思わぬ自分自身を知り、驚く。顔や頭の前面については普段鏡などで見えているので、知っていることも多いかもしれないけれど、後頭部には自分で把握していない自分自身というものが秘められていた。その凝りが何を表しているのかを思い、自分自身と向き合うようにして触れていく。やがて、その凝りを、その心の重荷をほぐしていく方法が見えてくる。この触れていくという行為は、まるで自分自身の心の奥深くや自分自身の深奥を貫く核心部分に触れていくかのようだ。

自分を獲得するとは、自分とともにいるということだと思う。自分という核とともに在れば、不安や恐れは「自分自身の存在を信じる力」に変わると思う。そのうえで、僕は表現という仕事に臨む。

僕は実践のなかで、チャネリングというものを、自分自身の方法と言葉で「自分を中心に、まるごとエネルギーを変えていく」と理解した。その取っ掛かりとして、髪の毛や髭を切ったり伸ばしたり剃ったりするというのは、一つの方法としてあると思う。エネルギーを総入れ替えして育てていくのに、僕にとって大事なことは、役についての勉強をすることだ。物語に関連する歴史、人物の背景など、本を読みながら、じっくりとじっくりと思索していくことによって、おのずとエネルギーが醸成されてくるのを感じている。

photography by Yusuke Abe (YARD)　UOMO2017年1月号／集英社

photography by Yusuke Abe（YARD）　UOMO2017年1月号／集英社

photography by Yusuke Abe（YARD）　UOMO2017年1月号／集英社

Photo : Shinichiro Shiraishi
Styling : Shunsuke Okabe 〈UM〉
Hair : Yoshikazu Miyamoto (Perle)

現場

緒方貴臣監督映画「飢えたライオン（仮題）」（二〇一八年公開）にて、高校教師を演じている。主人公のクラス担任なのだが、ある日突然警察がやって来て、教師は検挙される。

映画やドラマの現場で、役者として自分が求められていることを読み取り、その役割を果たすというのは、音楽で作詞や作曲をして音を作り出していくのとは違う。自分の心や身体や感性を通して仕事をするという意味では、同じであるけれども、音楽のほうは作家が自分であるのに対して、映画やドラマでは、監督やプロデューサーのもとにある台本を表現するということが絶対的にある。ここでは、その作品や現場に自分を調和させながら、同時に表現者としては突き抜けているということが求められている。このクリエーションは、チームワークと独創性を同時に発揮するという意味で、とても高度なものであると思う。

三十代半ばを超えた今、この役者の仕事にやりがいを感じている。役を通して、ある時代のある人の人生を生きる、その声を表現するというのは、大きな魅力であるし、また自分の感性を超えた発想や脚本をもとに広がる別世界に飛び込んで、チームの多くの人たちと協同するということに無限の可能性を感じる。多くの人と出会い、セッションをして生まれてくるものの力を信じる。僕の心は長い年月をかけて開いてきたのだと思う。出会うべき皆と、協同という真剣勝負がしたい。

緒方貴臣監督 映画「飢えたライオン(仮題)」2018年公開
photography by SHOOT KUMASAKI

Swan Lake ～闇のロッドバルト～

世田谷パブリックシアター

フラメンコ舞踊家・グラシアス小林さんとお話していると、あることに気がつく。僕と小林さんは、確かに目と目を合わせて会話をしているのだが、小林さんの目が見据えている先は、どこか別のところにある。視点がここではない、違う層にある。深みを見ている。ご本人は、とくに意識されていないと思う。

能楽師の井上和幸さんにお会いした時にも、これと同じことを感じた。井上さんが能楽師であるということに、これらを理解する鍵があると思う。

能舞台において揚幕から本舞台へとつながる長い廊下部分のことを、橋掛りという。亡霊が現れては消えていく能の物語において、この橋掛りは、あの世とこの世を結ぶ役割を果たしている。能楽師たちは、その橋掛りを通じて、あちら側とこちら側を行き来する演者なのである。表層意識ではなく深層意識の次元で、潜在意識や無意識の層で、舞い、踊り、歌う、舞台芸術の世界の演者の多くは、普段からその深みとの対話のなかで生きているように思う。前述のお二方の目に、僕が見たものは、このことを意味している。

グラシアス小林さん、二代目・吾妻徳穂さん、ホアキン・ルイスさんという偉大な舞踊家たちと共演した「Swan Lake ～闇のロッドバルト～」は、橋掛りのように現実の

Swan Lake ～闇のロッドバルト～
3rd-4th May, 2017　世田谷パブリックシアター
photography by Mirai Kobayashi

世界と深遠な世界を繋ぐ、時にシャーマニズムをも思わせる舞踊が響き合った公演だった。稽古の半分はスペイン語で進行し、その手法もほとんど海外での創作を思わせた。僕にとっては、初めての、面をつけて行ったパフォーマンスでもあった。

ドキュメンタリーとドラマの狭間で、被爆地・長崎を生きる

NHKドラマ「あんとき、」

しかし人間は私の父や妹のように霧のごとくに消されてしまってよいのだろうか。

「長崎の証言　第5集」／若松小夜子「人間が霧になる時」より

一九四五年八月九日、原子爆弾を搭載した爆撃機ボックスカーは、その目標を小倉から長崎に変更。午前十一時二分、長崎に原子爆弾が投下される。NHKのドキュメンタリードラマ「あんとき、」は、この被爆地・長崎をテーマとした番組だ。僕はこの物語のなかで、主人公のトシを演じている。トシとは、小木戸《こきど》利光《としみつ》の「トシ」であるとも言える。渡辺考さん（NHK）がディレクターであるこの番組の最も特徴的な点は、現実《ドキュメンタリー》と虚構《ドラマ》の要素が、渡辺考さんの世界独自の塩梅で融合していることにあると思う。まずその人物設定を見てみると、そのことがよく分かる。主人公・トシは、爆心地である長崎市の浦上出身で、ミュージシャンでバンドのボーカルである。あることがきっかけに歌が歌えなくなり、活動は停止、窮地に立たされ、長崎へ帰ってくる。トシの母親には、満州（ハルビン）で生まれて、三歳の時に引き揚げ船に乗って、日本の佐世保港に到着したという背景がある。これは母親を演じる加藤登紀子さんの実人生の一部

でもある。一九四五年八月九日という日は、歴史上ソ連軍が満州に侵攻した日でもあり、これを機に、日本居留民は一斉に命からがら満州を逃れる。約一年後、当時三歳だった加藤登紀子さんは、お母さんの背中におぶさりながら、お兄さんお姉さんも一緒に引き揚げ船に乗り込み、日本の地を踏んでいる。トシやその母親の設定が示しているように、この番組は、長崎の戦中・戦後史を描き出すフィクショナルな物語《ドラマ》に、演者である僕たち自身の実人生が深く交差している。番組は役者が演ずるドラマのシーンと長崎でのドキュメンタリーが重なり合うようにして構成されている。トシは、ドラマの展開に沿う形で、実際に長崎で被爆された方々に会いに行く。被爆した役を演ずる役者に会うのではなく、一九四五年に本当に長崎で被爆し、その後の人生を今日まで生き延びてこられた方々と面会していく。たとえば、原爆で全身に瀕死の重傷を負い、その後「赤い背中の少年」としてその写真が世界中に報道され、存在が広く知られることになった谷口稜《すみ》曄《てる》さんには、番組のなかで計三回お会いしている。

冒頭の若松小夜子さんの言葉には、原子爆弾が投下される前日の長崎を描いた井上光晴の小説「明日 一九四五年八月八日・長崎」、そして、これを原作とした黒木和雄監督の映画「TOMORROW 明日」で知ったものだ。一九八一年という戦後に生まれた僕は、

ドキュメンタリードラマ
あんとき、
夢破れ長崎に戻ったトシ
出会ったのは亡き父のメッセージ――
1945年8月9日 午前11時2分
「あんとき」の記憶
もっと届け、大切なこと。
公共放送 進化中！
［出演］小木戸 利光　古舘 寛治　櫻井 綾　加藤 登紀子　田中 泯

© NHK 長崎

この番組の仕事をするにあたって、あらためて数多くの書籍や資料、映画やドラマやドキュメンタリー番組に触れながら、学び想像するということを通して、歴史上のその無数の「声」に耳を澄ませた。歴史上の出来事を「本当に起こったこと」として真に実感していく想像力をもっともっと養いたいと切に思った。どれだけ勉強しても、勉強しても、そこに到達しないので、ひたすらリサーチを続けた。歴史との対話のなかである声なき声を丁寧にすくい取って、芸術における表象にするというのは、これまでの自分自身の活動における一貫したテーマでもあるので、その意味で、僕は人生のほとんどにおいて、この探求をずっと続けていることになる。

今は亡き人の声。生きているけれど、歴史と現実に押しつぶされて埋もれている声。語られなければ知られることのない声。声とは、ある人の人生。ある人の人生の出来事とも言える。その声たちにアクセスし、今なお生きている声として聞き取る機会を与えてくれたのは、リサーチを経て実際の長崎で過ごした日々だった。長崎という地とそこに生きる人たち、そして、それらに付随する今回の番組の物語の力。爆心地周辺を歩いていると、そこには、長崎の歴史が、その街の歴史が、層をなすようにして、漂っていることが分かる。たとえば、戦争の気配のようなものを感じると、そこには防空壕の跡があったりする。たとえば、ある慰霊碑のまえでは、直観的に、水を供えて、手を合わせたくなる。あとから、原爆のあの日は多くの人が水を求めていたことに気づく。注意深く目を凝らし、耳を澄ましていれば、過去は浮かび上がってくるようだ。

浦上天主堂内では、キリシタン弾圧と被爆という受難の歴史がひしひしと感じられ、天主堂中央を、人々の無数の祈りが貫いている。切実で神聖な祈りの集合体は、一つの巨大な光として感じられた。幾多の苦難においても何代にもわたる人々の努力と信仰心が、ここを守り、ある時はここを再建し、その歴史上で延々と繋がれてきた無数の祈りが、ここにある不可侵の神聖さを形づくっている。今でも手掛かりはそこここにある。

手を伸ばせば、触れることができる。そう思った。

トシの父親を演じているのは、田中泯さん。ドラマの設定では、父親は、約千五百人のうち千四百人が爆死および原爆病で亡くなったと言われている爆心地の城山小学校の当時の児童で、わずかに生き延びた者の一人として描かれている。沈黙する父親の重い人生に触れ、自分が被爆二世であることをひた隠しにしてきたトシ。

このトシは、ドラマの終盤で、今は亡き父が自分に一本のテープを残してくれていたことを知る。そこには、父・ジロウが息子であるトシに語りかける声が録音されている。この田中泯さんが演じる父親のテープの声を聞きながら、被爆した長崎市内と長崎港が広く見渡せる砲台山に立った時、僕ははじめて、七十二年前に目の前の長崎に原子爆弾が投下されたことを「本当に起こったこと」として実感した瞬間に出会ったように思う。一瞬のことであったけれど。


見れば見るほど、聞けば聞くほど、知れば知るほど、感じれば感じるほど、そのまた奥にあるものを見つめ始める。物事を見つめる視座は日に日に深まってゆくばかりで、終わりを知らない。撮影の空き時間があれば、どこかへ出かけ、どこかを訪れ、またどこかをゆっくりと歩きながら、往時のその場所に思いを馳せていた。それは、撮影最終

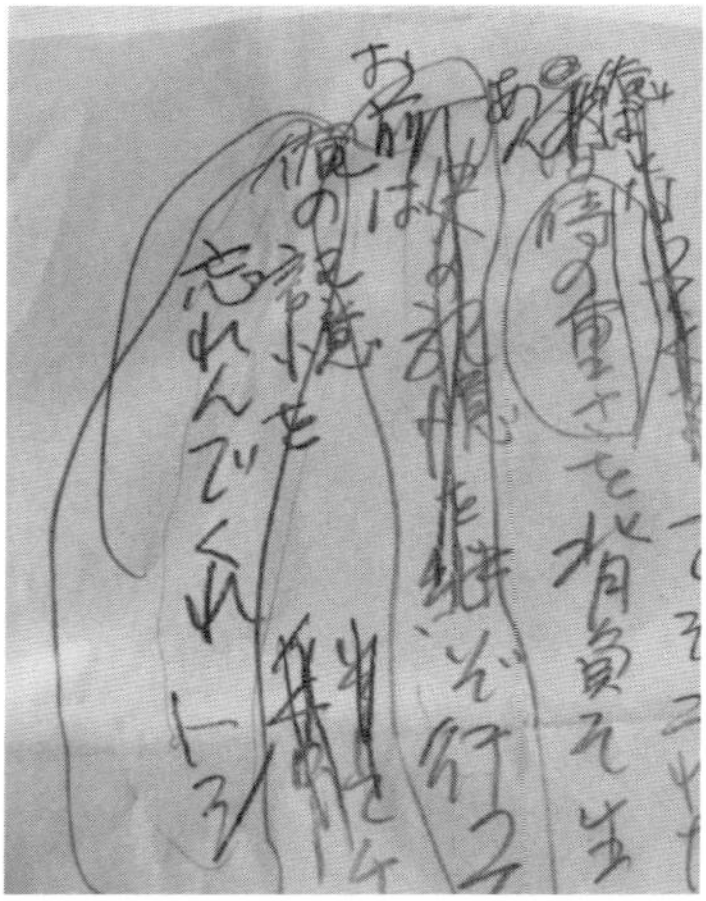

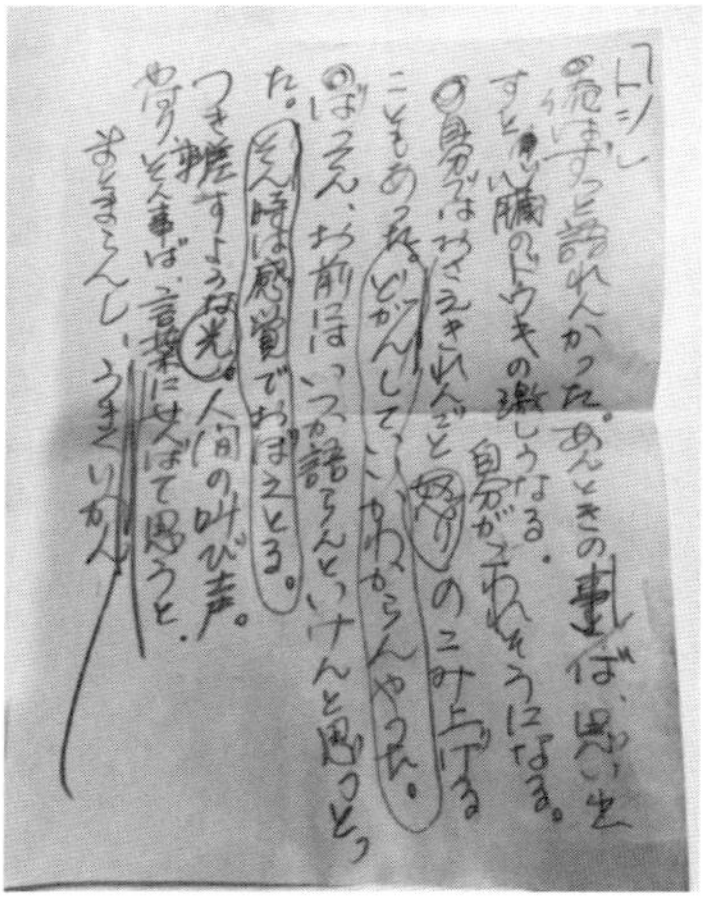

父・ジロウが作った下書きの一部。田中泯さん直筆

日のラストシーンを撮る直前まで、続いていた。

その日の午後は一人で、ふたたび城山小学校を訪れて、校庭や校舎で時間を過ごしていた。一九四五年八月九日、城山小学校にいたほとんどの人たちは、瞬時に声もなく悲惨極まりない無惨な姿に化し、即死している。被爆校舎（平和祈念館）では、爆死を遂げた教師たちの在りし日の姿を見ることができる。僕はこの日この祈念館にて、城山小学校の卒業生で、動員先の三菱兵器製作所大橋工場で被爆し重傷を負いながらも生き延びた内田伯《つかさ》さんに偶然お会いし、お話を聞かせていただいている。トシの父親・ジロウと限りなく近い境遇にある、現実の、長崎を生き抜いてきた人だった。時計を見ると、まもなく撮影が始まる時間。その足で撮影現場に向かった。このように、声を探す旅は、日ごとに進んでゆくばかり。クランクアップのこの日には、次なるビジョンが見えてきて、心はそれに向かおうとしていた。撮影終了後は、終わったという感慨ではなく、これからも続いてゆくということがそこに残った。次へ向けて走り出そうとしていた。ここで終わるはずがない。それほどまでに、僕自身の奥底には、非常につよく揺るぎないものが存在していることを、今回あらためて自分自身で理解した。ほんとうに始まったばかりなのだ。

――トシくん、あなたこのドラマをやりながら、人生が変わっていく感じよね。すごいわね。

ドラマの現場やシーンのなかで、加藤登紀子さんや田中泯さんや他の共演者の皆さまから受け取った言葉、そして、谷口稜曄《すみてる》さんや下平作江さんや三田村静子さんという長崎で被爆された方たちからそのインタビューにおいて受け取った言葉は、ドラマの「トシ」を超えて、小木戸利光という僕自身につよく響いてきて、僕の未来を変えている。この文脈においても、やはりこの番組は現実を写したドキュメントであると思う。

――トシ、お前は、俺の記憶を忘れんでくれ。

これは、この番組を通して、僕が受け取った最も大きなメッセージの一つであると思う。

最後に、僕を「トシ」として抜擢してくださったNHKの渡辺考さんと、チームとしてともに走り抜いた全スタッフに、心から深い感謝の意を表する。ありがとうございました。

あとがき

僕は明日、誰に会いたいと思うだろう。何を見たいと思うだろう。この僕の、一つ一つの希望が、未来を決めているんだなぁと思う。そして、そこでめぐり逢う人々と、ある時はさらりと、ある時は心と心を通わせ、震わせ、触れ合わせながら、僕は何かを生み出そうとするのだろう。何かとは、豊かな心のつながり、はたまた、番組や作品であったりするのだろう。

こうして、運命は、創造されている。

ある時期は、たくさん会える人。しばらく会えなくなる人。ある時期は、たくさんできること。しばらくできなくなること。その傍らにはいつも、新たなる出会いと今こそできることがある。それでいいのだと思う。それがいいのだと思う。

僕は著しく変化している。明日、何を見たいと思うだろう。知っていることと知らないことがある。

小木戸 利光

〈初出〉

「ルーツ音楽」は、リトルマガジン「イワト14号」（二〇一〇年三月発行）、「遠い記憶」は、リトルマガジン「イワト13号」（二〇一〇年一月発行）に掲載された原稿に加筆のうえ、本書に掲載しました。

［著者略歴］
小木戸利光（こきど・としみつ）
1981年福岡生まれ。英国ノーザンブリア大学にて演劇・パフォーマンスを専攻し、帰国後、tokyo blue weepsの歌い手として３枚のアルバムを発表する。俳優として、ドラマ、映画、舞台、ドキュメンタリー番組に出演するほか、身体表現によるパフォーマンスも行う。主な出演作に、NHKドラマ「あんとき、」（主演）、映画「菊とギロチン」（瀬々敬久監督）、「飢えたライオン（仮題）」（緒方貴臣監督）、「実録・連合赤軍 あさま山荘への道程」（若松孝二監督）がある。

表現と息をしている

2017年7月30日　第1刷発行

著　者　小木戸利光
発行所　有限会社 而立書房
東京都千代田区猿楽町２丁目４番２号
電話　03（3291）5589／FAX　03（3292）8782
URL　http://jiritsushobo.co.jp
印　刷　株式会社 スキルプリネット
製　本　壷屋製本 株式会社

Printed in Japan
ISBN 978-4-88059-401-9　C0073

森尻純夫

歌舞劇ヤクシャガーナ　南インドの劇空間、綺羅の呪力。

2016.3.5 刊
A 5 判上製
272 頁口絵 8 頁
定価 2400 円
ISBN978-4-88059-392-0 C0039

"ヤクシャ（＝精霊）"と"ガーナ（＝メロディ）"をあわせて名付けられた、南インドの伝統芸能ヤクシャガーナ。知られざるその歌舞劇の歴史を、旅公演への同行を含むフィールドワークで解き開く。ヤクシャガーナの存在は驚異に値する‼

太田省吾

プロセス　太田省吾演劇論集

2006.11.25 刊
四六判上製
368 頁
定価 3000 円
ISBN978-4-88059-323-4 C0074

かつて劇団転形劇場を主宰し、小劇場の推進者として上演・劇論活動を精力的に行ってきた著者の三冊の演劇論（『飛翔と懸垂』『裸形の劇場』『劇の希望』）を集大成。70、80 年代の演劇思考の軌跡。

菅 孝行

戦う演劇人　戦後演劇の思想

2007.12.25 刊
四六判上製
336 頁
定価 3000 円
ISBN978-4-88059-344-9 C0074

彼らにとっての問題は演劇ではなく世界であり、彼らの演劇上の方法は、演劇で世界をつかむ思想であったことである──。千田是也、浅利慶太、鈴木忠志……三人の演出家を通して読む日本戦後演劇界の歴史と見取り図。

S・マイズナー、D・ロングウェル／仲井真嘉子、吉岡富夫 訳

サンフォード・マイズナー・オン・アクティング

1992.6.25 刊
四六判上製
424 頁
定価 2500 円
ISBN978-4-88059-170-4 C0074

スタニスラフスキー理論をアメリカに積極的に吸収実践し、多大な成果を挙げたグループ・シアターの創設者のひとりで、その後約 40 年余、ネイバーフッド・プレイハウス演劇学校で数多くのプロの俳優を育成してきた。

マキノノゾミ

MOTHER　君わらひたまふことなかれ

1994.8.25 刊
四六判上製
148 頁
定価 1500 円
ISBN978-4-88059-194-0 C0074

与謝野晶子の日常を再現してみると、どんな光景が展開されるか。啄木、白秋、春夫、萬里、大杉栄、管野須賀子、平塚らいてうなどが登場して、マキノノゾミの筆は軽やかに転がる。青年座 40 周年記念公演の脚本の 1。

中村攻・宮城喜代美・石澤憲三 編

おじいさんおばあさんの子どもの頃 日本は戦争をした

2015.9.10 刊
四六判並製
128 頁
定価 1000 円
ISBN978-4-88059-389-0 C0037

戦争を体験した市民が自ら筆を執り、我が子のために語り、綴ったメッセージを集めました。戦争の本当の姿を知ることから、平和＝全ての人びとが幸せに行きていく土台について考え始めることができるのではないでしょうか……。